READING SKILLS OF THE TOP 5%
ACCORDING TO AI

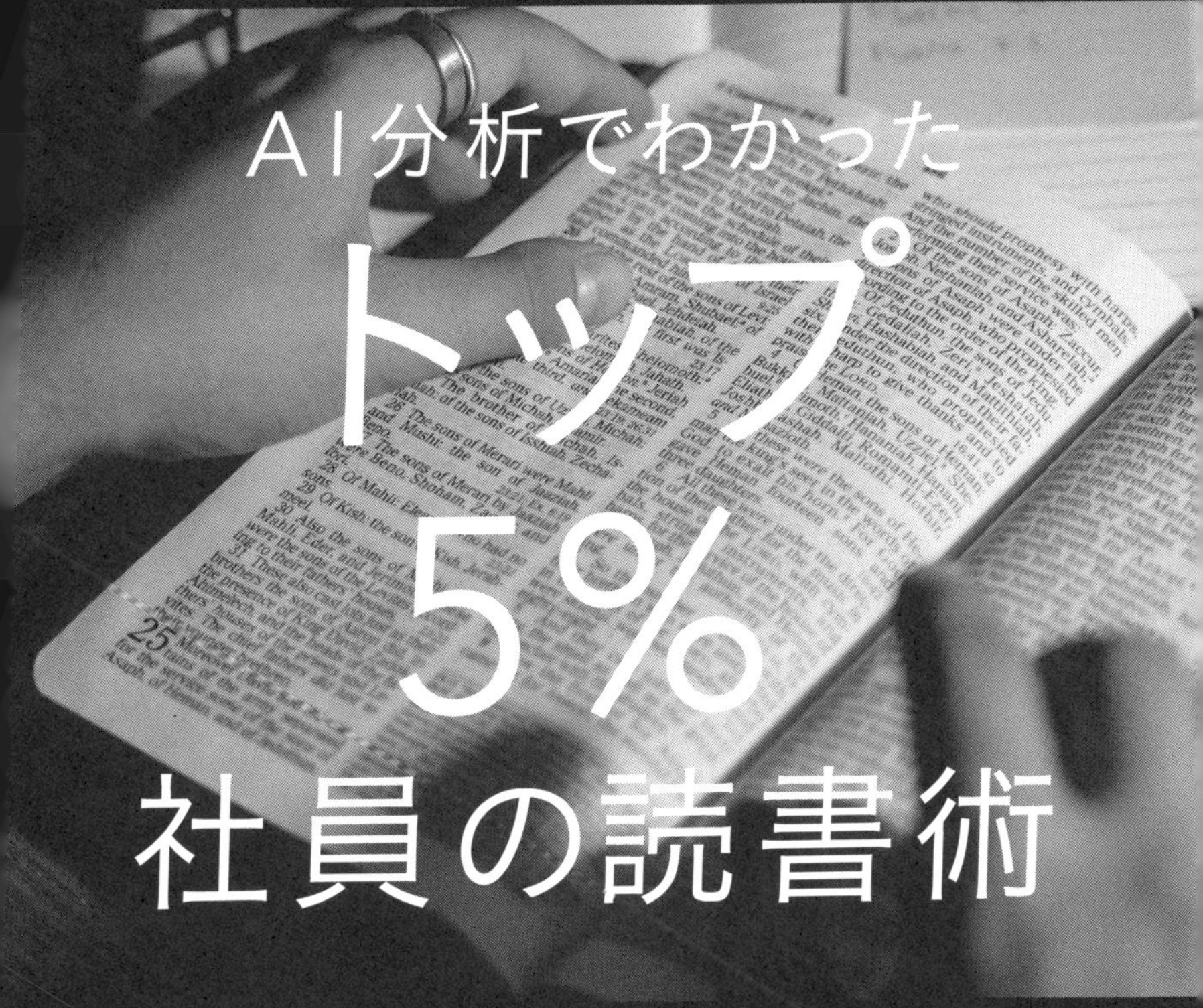

AI分析でわかった
トップ5%社員の読書術

越川慎司
SHINJI KOSHIKAWA

Discover

『ＡＩ分析でわかった
トップ５％社員の読書術』購入特典

著者の越川慎司氏が影響を受け、本書の読者の方にお勧めする書籍７冊を、第5章でご紹介する3Iフレームワーク（Information、Insight、Intelligence）で整理したブックリスト&ガイドです。
下記よりダウンロードいただけます。ぜひ本書を読み終えた後、次に読む本選びにご活用ください。

＼　アクセスはこちらから！　／

ID ▶ discover3109
パスワード ▶ reading

https://d21.co.jp/formitem/

本特典は事前の通告なしにサービスを終了することがあります。

はじめに

「忙しくて読書する時間なんてない！」

ビジネスパーソン1万7千人にアンケートをとったところ、年間読書量の平均はわずか2冊でした。71％のビジネスパーソンが「読書の意欲はある」と答えつつ、なかなか習慣にすることができないと考えています。

理由は、日々の仕事に追われ、読書する時間も気力もないからです。

しかし、各企業で突出した成果を出し続ける**トップ5％社員たちは、同じように忙しい日々を送りながらも、年に約43冊の読書をします。**

彼らは、**「忙しいからこそ読書する」**と言い切ります。それはなぜでしょうか？

その答えは、**読書 in the work**。

彼らは、読書を仕事の一部と位置付けています。忙しさの原因がスキル不足であれば、読書で習得します。固定観念を取り払って、仕事のスタイルを変えるために、読書から刺激を得ようとしています。

「読書は知識を増やすだけでなく、思考力や分析力を鍛え、新たな視点を提供してくれる」

「様々な業界のトレンドや成功事例に触れることでビジネスのセンスが磨かれ、革新的なアイデアを生み出すきっかけをくれる」

トップ5%の社員（以下、5%社員）は、このように自信を持って語るのです。

「仕事で頑張り過ぎることを防ぐために読書する」

「読書はコスパが高いツール」

予想外のコメントが続出しました。

いったい彼らは、どのように大量の本を読み、どうやって成果に繋げているのか？

この真相を探るために累計3・4万時間をかけて調査しました。私が代表を務めるクロスリバーの39名のメンバーで、6年にわたって、5%社員のヒアリングと調査、ＡＩサービスを駆使した解析を行いました。

意外にも、彼らの読書法はシンプルでした。

しかし、購入法や積読解消法、読後のアクションで「違い」を生み出していたのです。歯を磨くように、読書をルーティンにする彼らの習慣術に触れて、私は目から鱗が落ちました。

触発された私は、彼らの読書術を真似して、年間300冊以上の読書をすることができました。

読書を習慣にして驚いたのは、忙しさが緩和され、限られた時間で多くのことができるようになったことです。強引に始めた週休3日制で、時間と精神の余白ができるようになり、大学に通えるようにもなりました。

DO MORE WITH LESS

前職のマイクロソフトが提唱するスマートな働き方をようやく会得できたのは、読書とその活用による恩恵と言っても過言でもありません。

ぜひ、5%社員の読書術を取り入れて、スマートな働き方を手に入れましょう！

ＡＩ分析でわかった　トップ５％社員の読書術

Contents

序章 トップ5%社員たちの実態

第1章 読書を習慣にできない理由

第2章

5%社員のユニークな本選び

第3章

読書は「準備」で決まる

第4章

今日からできる！再現可能な5%社員の読書法

第5章

5%社員は「読後」に差をつける

序章

トップ5%社員たちの実態

1

トップ5%社員の63%は年に35冊以上読む

激しい変化の時代には、常に進化し続けることが求められます。そのためには、新しい知識やアイデアを取り入れる必要があり、読書はその有用な手段の一つです。しかし、忙しい毎日の中で読書時間を確保することは、多くの人にとって課題になっています。

各企業で成果を出し続けるトップ5%社員962名を調べると、年に平均で43・2冊の読書をし、うち63%は35冊以上読んでいました。一方、一般のビジネスパーソンは年間の平均が2・4冊でしたので、5%社員がいかに多読であるかがわかります。

さらに5%社員の調査を進めると、読書の傾向が2パターンあることがわかりまし

図01 5%社員の年間読書量(2023年)

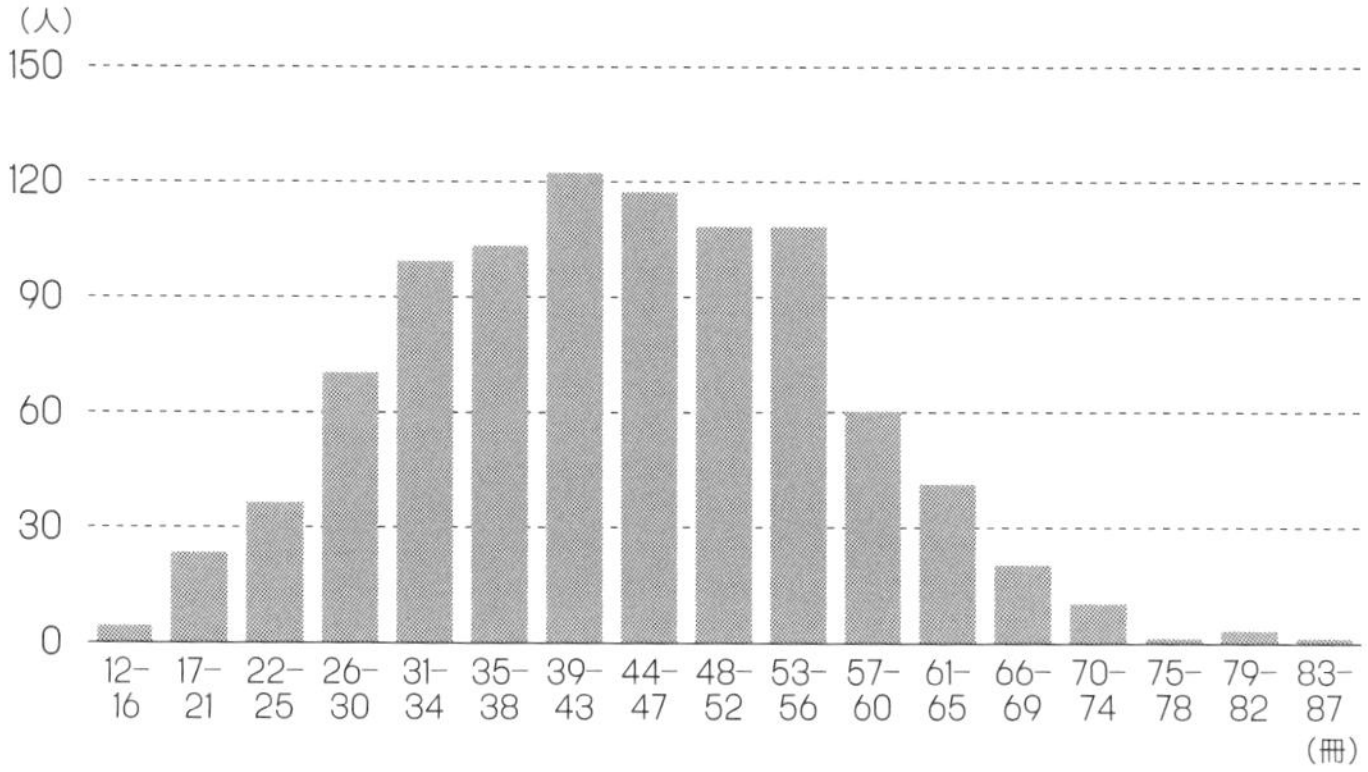

た。

まず、**毎月コンスタントに読書を継続しているパターン**。特定の時期に読書量が増えるのではなく、毎月4～5冊を読んでいる平均型パターンです。

もう一つは、**休みに多読をするパターン**。夏休みや年末年始休暇がある8月と12月、1月に読書量が増える人々です。ただ、このパターンの人も毎月1～2冊は読んでいる人が多く、日常的に読書習慣を身につけていました。

もちろん、読書量だけがすべてを決定づけるわけではありませんが、できる社員は読書量が多いと言えるでしょう。

たくさん読書をするからといって仕事

の評価が上がるわけではありませんが、特筆すべきは、**多忙の中でも読書の時間を生み出す力があること**です。

成果を出し続ける人には、仕事が集まってきます。上司や後輩から相談を受けることもあるでしょう。時間の余裕が決して多くはないのに、読書を習慣にできたのには理由があります。それはズバリ、「何かをやめた」からです。

誰しも1日は24時間。突出した成果を出したからといって時間がもらえるわけではありません。同じ24時間の中で読書を習慣にできたということは、**他の人よりも「何かをしない」選択をしている**のです。

たとえば、テレビやＳＮＳに費やす時間を減らして、読書の時間にあてる。就寝前のスマホをいじる時間を10分減らして本を読む。通勤時間にはゲームやＳＮＳの代わりに読書をする。休日の午後には、買い物に行く代わりに図書館に立ち寄ってみる。そんな小さな変化の積み重ねが、やがて大きな習慣の変化につながっていきます。

もちろん、読書の習慣を身につけるためには、工夫も必要です。５％社員は、日々の工夫を重ねて自分なりの読書術を獲得したとも言えるでしょう。

毎日1時間の読書をするのが難しければ、５分だけ読書してみる。週に1冊読むのが難しければ、まずは月に1冊を目指してみる。大切なのは、自分なりのリズムを見つけ、それを楽しみながら続けることです。

5%社員は判断基準がはっきりしています。

日常は「何をやるか、何をやらないか」の判断の繰り返しですが、彼らは「やらないこと」を決めることが得意なのです。

「何かをやめる」勇気を持つこと。それが、あなたが読書習慣を手にする第一歩です。

2

トップ5%社員の75%は忙しいときこそ本を読む

5%社員が、そこまで読書の時間を重要視するのは、なぜでしょうか?

読書をしたいができていないビジネスパーソン1・8万人を調査したところ、読書ができない理由の圧倒的1位が「時間がない」でした。全回答者の76%がこう答えているのですから、いかに多くの人が時間に忙殺されているかがわかります。ビジネスパーソン17・3万人へのアンケートでは、96・4%が「忙しい」と回答。みんな忙しいのです。

ちなみに5%社員は96・1%が忙しいと感じており、全体平均とさほど変わりません。忙しい毎日を送る中で、読書をする余裕がないと感じるのは、5%社員もその他の社員も同じなのです。

そこで、多くの人が「忙しいから読書をしない」という選択をするのは仕方のないことかもしれません。しかし、**この忙しさの中で、読書と仕事を切り離していないのが5％社員です。**

年に50冊近く読書する5％社員にどのようなときに読書するのかを尋ねると、「時間があるとき」と答える人は24％だけで、「忙しいときこそ読書する」と回答する人が75％もいたのです。**「忙しいから読書するのです」**と答える人も多数いました。この結果は、その他のビジネスパーソンとは明らかに異なります。

その真意を探るべく、5％社員の複数人に個別ヒアリングしたところ、「読書は、自分の時間を取り戻す手段」だと答えてくれました。

日々の仕事に追われ、目の前のタスクをこなすことに必死になっていると、自分自身を見失ってしまいがちです。しかし、5％社員は読書の時間をあえて確保することで、立ち止まって自分と向き合うことができるといいます。

本を通して新しい知識やアイデアに触れることは、仕事への意欲を高めてくれます。

また、著者が創った世界に没頭することで、ストレスから解放され、心に余裕を持つことができると答える人もいました。

「このままの仕事のスタイルではダメなのではないか、何か良い方法があるのではないか」と、読書を通じて改善策を見出そうとする人もいました。彼らは、現状の業務プロセスに何らかの問題があると認識しており、これを改善しなければ残業の連鎖から抜け出すことができないと考えています。

読書は、自分の仕事のやり方を見直すきっかけになります。

目の前のタスクを片付けるだけでは視野が狭くなり、課題解決に時間を要してしまったり、無駄なことに時間を浪費してしまったりします。**読書を通じて、自分の仕事を振り返ることで、結果的に時間短縮につながる**のです。

仕事の仕組みを見直し効率化を模索するには、他人の経験や知見を学ぶことが有効です。5％社員は、本を読むことを「短期間で他人の経験を吸収する手段」として、非常に効率的な方法だと捉えているのです。

中には、「何のために働いているのか？ そもそもどうありたいのか？」を自問するために読書するという人もいました。つまり、内省のツールとして読書を取り入れることによって、問題の本質が見えて、モチベーションが高まるのです。

読書は時間を奪うものではなく、自分自身を取り戻すための有効な手段です。日々の忙しさに追われていると、本当に大切なものを見失ってしまうこともあります。そんなとき、読書は私たちに立ち止まる機会を与えてくれます。

3 トップ5％社員は一般の80倍〝耳読書〟を経験していた

読書を日常生活に組み込むことは容易ではありません。忙しさだけでなく、紙の書籍や電子書籍用のデバイスを持ち歩くことも、読書習慣を阻む一因になることもあります。

このような中で、読書に対する新たなアプローチとして、「耳で読む」ことを可能にするオーディオブックの利用が広がっています。

興味深いことに、5％社員の64・2％が代表的なオーディオブックであるAmazonオーディブルを利用した経験があると回答しました。これに対して、一般のビジネスパーソンではわずか0・8％の利用率にとどまっています。この大きな差は、効率的に知識を吸収しようとする意識の高さが反映されていると考えられます。

図02 5％社員はオーディオブックを一般社員の80倍経験していた

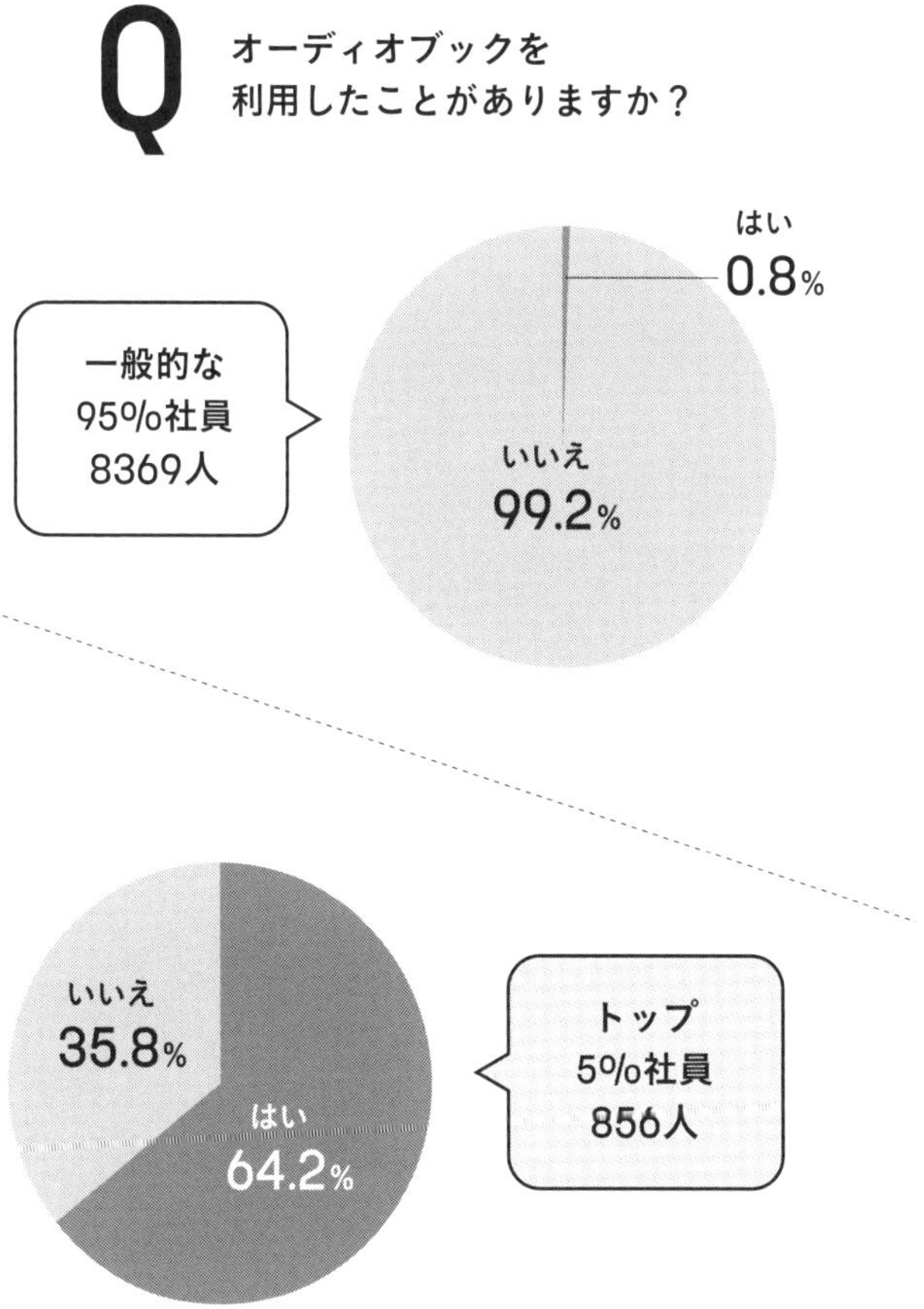

オーディオブックの普及は、読書に対する従来の概念を大きく変えつつあります。実際、私自身もかつては読書に苦手意識を持っており、目が疲れやすく、集中して読むことが難しいという問題に直面していました。しかし、知識を求めて様々な読書法を試す中で、オーディオブックという選択肢が私の前に開かれたのです。**活字を読むのが苦手な人でも、耳を通じて情報を得ることができるのがオーディオブックです。**さらに、運動中など、従来は読書に適さないとされた状況でも学習を継続できるという特長もあります。

オーディオブックの利点は、「本を聴く」ことで得られる効果です。文字として目で追うよりも、音声として聴くことで、本の内容をより深く理解でき、印象に残りやすくなります。

5%社員は、この特性を活かして能動的に学ぶ姿勢を貫いています。具体的には、オーディオブックを聴きながらメモや質問を書き留めて、積極的にアウトプットすることを心がけています。文字による読書では目が占領されますが、オーディオブックならその制約がありません。

さらに、5%社員の中には分野別にオーディオブックを使い分けている人もいます。

たとえば、移動時間は軽めのビジネス書や自己啓発書、作業時間は難解な理論書や専門書といった具合に、状況に応じて難易度を使い分けるのです。
また、聴き逃してしまった部分を後から確認したり、要点となる箇所を見つけたりする際には、スキップ機能が大変有効とのこと。「30秒送り」「タイマー」などを適宜活用しながら、自らのペースで効率的に耳読書を進めています。

また、オーディオブックを通して興味をかき立てられた本は、後から紙の書籍で読み返したくなることも少なくありません。つまり、オーディオブックは、読書への動機づけにもなり得るのです。

読書への障壁を乗り越えるためには、従来の活字中心の読書から一歩踏み出し、オーディオブックを含む多様な学習手段を探求することが重要です。5％社員は常に学び続ける姿勢があり、オーディオブックをはじめとする新しい学習法を積極的に取り入れていました。

COLUMN

オーディオブックの利点を最大限引き出す方法

オーディオブックにはメリットが多くあります。仕事で疲れた目を酷使しなくてもいい点や、移動中に聴くことができる点などです。5%社員は効果を最大限にするために、様々な工夫をしながらオーディオブックを活用しています。

活用法① 25分で区切って「集中力」を継続する

文字を追うことで強制的に注意を払わされる書籍とは異なり、オーディオブックは聞き流してしまいがちです。内容がわからなくなってから気づくことも少なくありません。5%社員はこの点を熟知しており、集中力を持続させるための対策を講じています。

たとえば、25分程度の短い時間を一つの区切りとし、その間に集中してオーディオブックを聞き、休憩を挟む。長時間一気に聞き続けると、どうしても注意が散漫になりますが、適度な区切りを設けて一呼吸おくことで次に備えることができ、より集中しやすくなるのです。

活用法②　図や表を復習用に使う

紙や電子の書籍であれば、図表やグラフを見ながら読み進めます。オーディオブックの代表格であるAmazonオーディブルでは、こうした図表などを付属のPDFで確認することができます。

また、5％社員はこの問題に対し、「複合的な読書スタイル」を取り入れることで対処しています。つまり、オーディオブックで本編を聞きつつ、重要な部分では書籍も併用するわけです。オーディオで全体像を掴み、細部は書籍で確認する。こうすることで、視覚情報を逃すことなく、オーディオブックの利点も活かせるのです。

また、図表等が多用されている書籍については、あらかじめ書籍で全体を確認してからオーディオブックに臨むという方法もあります。視覚情報を事前にインプットしておくことで、オーディオブックを聞く際にスムーズに内容を理解できるようになるのです。

活用法③ クリップ&ブックマークで復習する

オーディオブックでは、付箋紙を貼ったり蛍光ペンで線を引くこともできません。そこで、おすすめするのは「クリップ&ブックマーク」です。

オーディブルでは、気になった部分にマークをつける「クリップ&ブックマーク」機能があります。手が使える状態であれば、後で聞き直す箇所に「クリップ&ブックマーク」ボタンを押してマークしておくのです。マークした部分を一覧で表示でき、その部分の音声を聞くこともできます。これを活用すれば、紙の本と同じように復習ができるのです。

活用法④ 前後の関係性を把握する

文字では前後の記述を視覚的に捉えられるのに対し、音声ではそうはいきません。この点については、「早送り機能」を活用してみましょう。

5%社員の中には、最初に目次を参照し、概要を掴んでからオーディオブックの本編に入る人も多くいます。

また、本編を聞きながらでも、頻繁に30秒戻したり30秒飛ばしたりと、前後の関係を適宜確認することで、全体の構造を把握するよう心がけているのです。

さらに重要な部分は本編の前後関係を確認しつつ書籍で確認することで、理解を確かなものにしています。

このように、5％社員はオーディオブックの効果を最大化するために工夫して使っています。一つの方法に固執するのではなく、様々な機能を使ってみることで、自身に最適化された読書スタイルを確立しているのです。

こうした姿勢は、読書だけでなくビジネスの場面でも大いに役立ちます。物事を多角的に捉え、様々なアプローチを組み合わせて問題解決を図る。5％社員が読書で培ったこのスキルが、仕事での高いパフォーマンスにつながっているのかもしれません。

オーディオブックは、正しく活用すれば強力な学習ツールとなります。自身に合った最適な「耳読書」スタイルを模索し、構築していく。そうすることで、読書の幅を大きく広げられるはずです。

4

トップ5%社員の98%は「積読《つんどく》の挫折」を克服した

読書をしようと本を購入したものの、なかなか読み進められずにデスクの脇に積み上げて、いわゆる「積読」状態になってしまったことはないでしょうか。

実際、調査対象の98%のビジネスパーソンが、一度は積読を経験したと回答しています。しかし、その積読への対処法が、5%社員と一般社員では大きく異なっていました。

多くの一般社員は、積読が増えてくると読書そのものをあきらめがちになります。彼らの典型的な考え方は、「読みたい本がたくさんあるのに、まだ読んでいない本が溜まっている。これらを読み終えてからでないと新しい本は手に取れない」というものでした。つまり、積読を完全に解消してからでないと、次の本に手を付けられないと考えているわけです。

この考え方は建前的には理にかなっているように思えます。しかし実際には、積読が蓄積されるたびにモチベーションが下がり、やがては読書習慣そのものが途絶えてしまいます。これが、多くの一般社員が陥りがちな負のスパイラルと言えるでしょう。

一方で、5%社員はこうしたスパイラルから一歩抜け出ています。彼らは「読みたい本は常に出てくる。この本を読まずに次の本を読むことも全然アリだ」と考えているのです。

つまり、**積読は完全に解消する必要はなく、そのつど新しい本を手に取っていけばいいと思っている**わけです。

この発想の違いは小さなことのように思われるかもしれません。しかし、実は読書習慣を継続する上で極めて重要な鍵となっているのです。

5%社員は、常に新しい気づきや刺激を求め続け、そのための手段として積極的に新しい本に手を伸ばしていきます。積読を恐れず、常に前を向いて読書に取り組む。この姿勢こそが、彼らの読書習慣を支えている大きな要因と言えるでしょう。

さらに、**5％社員の中には、未読の本の山を単なる「読み残し」ではなく、「知識のゴールドラッシュ」と見なしています。**彼らは、今手を付けていない本こそが、未来の自分への「タイムカプセル」――つまり、戦略的な知識投資として活用されると信じているのです。

また、5％社員の多くは、積読を完全になくすことを目指してはいません。むしろ、積読と上手に付き合いながら、読書を続ける方法を模索しているのです。たとえば、読みかけの本を定期的に整理したり、優先順位をつけて読む本を選んだりと、積読をマネジメントする工夫を凝らしています。

こうした姿勢は、ビジネスにおいても大いに役立つはずです。目の前の課題に悩まされながらも、常に新しいことに挑戦し続ける。困難な状況をポジティブに捉え、それを糧にして成長を続ける。5％社員が読書を通して培ってきたこの力は、仕事での高いパフォーマンスを支える重要な基盤となっているのです。

5

トップ5％社員の67％は幼少期に図鑑が好きだった

読書習慣を身につけるには、幼少期の環境が大きな影響を与えていることをご存じでしょうか。特に、絵本や紙芝居、図鑑や本に触れる機会が多かった子どもは、社会人になっても読書習慣が身につきやすいと言われています。

ベネッセの調査（2023年）によれば、幼少期に読書習慣がある人は、その後の読書習慣に影響があることが明らかになっています（図03）。家庭での読書環境が、子どもの言語能力や思考力の発達を支えているのです。

私たちが行った調査では、**5％社員の多くは、幼少期に図書館で過ごす機会が多かった**ことが明らかになりました。彼らは、幼い頃から本に親しむ環境に恵まれていたのです。中でも特に興味深いのは、5％社員の67％が図鑑を好んでいた点です。

図03 読書時間の個人変化

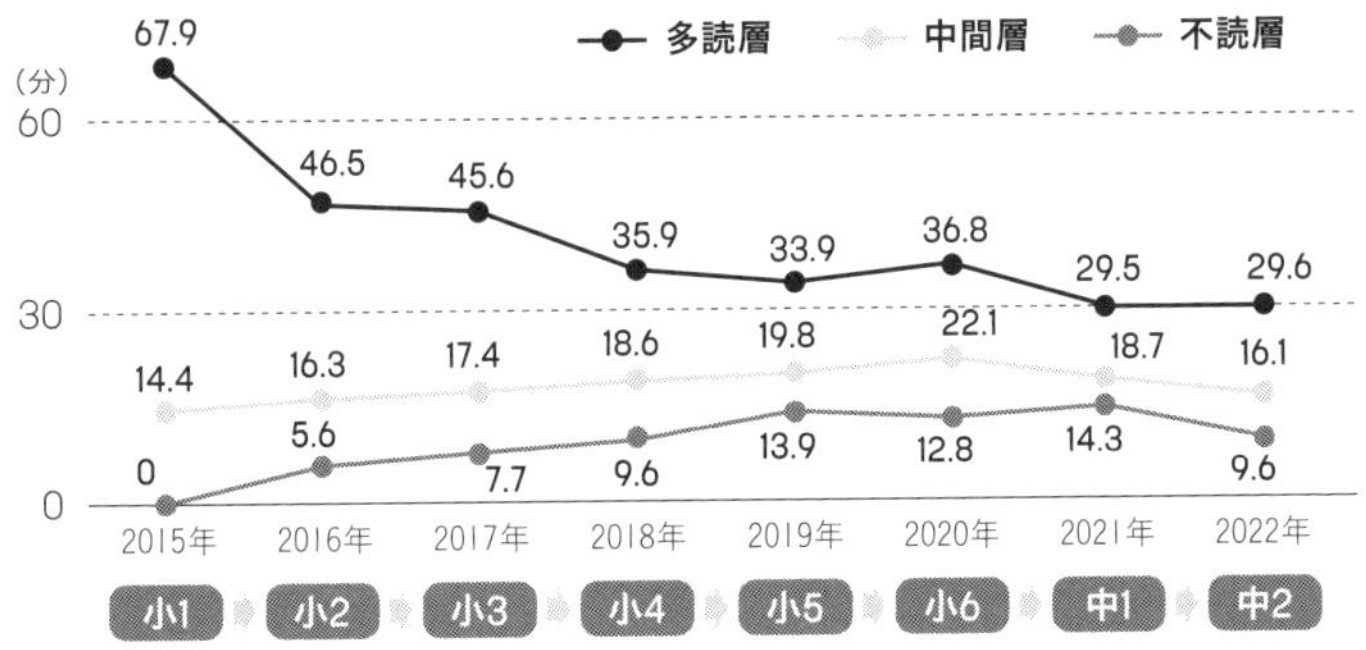

※同じ子どもを追跡
※2023年10月 ベネッセ調査「小学生から高校生の読書に関する7年間の追跡調査」

図鑑は、活字の羅列ではなく、「画像と文字の組み合わせで情報を伝える」という特徴があります。色鮮やかな写真やイラストは好奇心を刺激しますし、図鑑の文章は、短くわかりやすいものが多いため、子どもにとって読みやすいのです。

こうした図鑑の特性が、幼少期の子どもたちにとって、本と接する心理的なハードルを下げる役割を果たしていたのかもしれません。

図鑑を通じて、本は難しいものではなく、楽しみながら知識を得られるものだと感じられたのではないでしょうか。

実際に、ある研究では、**幼少期に図鑑を好んで読んでいた子どもは、そうでな**

い子どもに比べて、語彙力が高く、知識量が豊富であることが明らかになっています。図鑑を読むことで、子どもたちは自然と多くの知識を吸収し、言葉の意味を理解する力を身につけていくのです。

また、図書館で過ごす時間が多かったことも、読書習慣の形成に大きな影響を与えていると考えられます。

図書館は、本に囲まれた特別な空間です。そこでは、自分の興味関心に基づいて自由に本を選び、読むことができます。この経験は、子どもたちにとって、本を身近に感じるための大切なステップとなるのです。

国立青少年教育振興機構の調査（2018年）では、子どもの頃に図書館に通っていた人は、そうでない人に比べて、成人後も読書を習慣的に行っている割合が高いことが示されました。図書館での経験が、生涯にわたる読書習慣の礎となっているのです。

さらに、家庭環境も読書習慣の形成に大きな影響を与えます。

親が日常的に本を読んでいる姿を見せることは、子どもにとって読書への興味を喚起する大切な機会となります。子どもは親の行動をよく観察しているので、親が本を楽しんでいる姿を見ることで、子どもも自然に、本に興味を持つようになるのです。
また、子どもと一緒に本を読む時間を設けることも大切です。親子で一緒に本を読めば子どもは読書の楽しさを体感できますし、本の内容について親子で語り合うことで、子どもの思考力や表現力を育むこともできるのです。

このように、幼少期の読書環境は、その後の読書習慣や言語能力、知識量に大きな影響を与えます。

高い成果を上げている社員の多くが、幼少期に恵まれた読書環境にあったのは、偶然ではないのかもしれません。

6 トップ5％社員の68％が「選読」して全部読み切らない

驚くことに、年間50冊以上の読書をする5％社員のうち68％が、興味がある部分だけを読む「選択的読書（以下、選読）」をした経験があると回答しました。**手に取った本を必ずしも最後まで読み切っていないのです。**

では、なぜ特定の箇所を選択して読む「選読」をしているのでしょうか？　追跡調査で、2つの理由がわかりました。

1つ目の理由は、**「時間効率」**です。彼らは自分の時間が非常に貴重であることを理解しており、読書においても最大限の効果を得る方法を模索しています。

5％社員は、自分にとって重要な情報、すなわち**自分の業務や興味のある分野に直接関連する内容だけを選択して読む**ことがあります。これにより、必要な情報を効率的に吸収することができます。

２つ目は、**「選択と集中」**の戦略です。情報過多の時代においては、自分にとって価値のある情報が何であるのかを見極める能力が求められます。５％社員は、経験をもとにして仮説を立て、自分の目標達成に役立つ本質的な情報だけを選びます。余計な情報に時間を浪費しないようにする戦略です。

彼らは、すべての本を最初から最後まで丁寧に読むのではなく、目的に応じて読むべき部分を選んでいます。重要な情報を素早くキャッチして、自分の知見に取り入れることで、時間という貴重な資源を最大限に活用しています。

選読で読まなかった部分は、半年後、１年後の再読の際にチェックしていることもわかりました。つまり、読書の時点で必要だと思うパートを選択していたのであり、読まない部分を完全に捨てるわけではないことも判明しました。

効率的な読書術を身につけることは、単に知識を得ること以上の価値を私たちにもたらします。それは、**情報を選択し、理解し、応用する能力を養う**ことです。彼らはこうした能力の積み重ねによって、他の人と差をつけていたのです。

第1章

読書を習慣にできない理由

音声プラットフォームのVｏｉｃｙで2024年3月に1・1万人にアンケートをとったところ、99・5％の人が「読書を習慣にしたい」と答えました。しかし、実際に習慣にできている人はごくわずかです。読書する意欲があっても、実現できないのです。

日々の業務に追われ、残業や通勤に時間が取られ、家に帰ってからは疲れて読書どころではない……。そんな人も多いのではないでしょうか。

読書を習慣化するには壁があります。どのような壁が立ちはだかっているのか、具体的に見ていきましょう。

1 活字アレルギーで長文が読めない

読書をしたいと思いながらも習慣化できない一般社員の中には、活字アレルギーを抱えている人が少なくありません。弊社の調査では、読書ができない理由として「活字アレルギーだから」と答えた人が、全体の54%にも上りました。

印刷された長文のテキストを前にすると、集中力が続かず、すぐに疲れを感じてしまう。文章の内容を深く理解することが難しくなる。

こうした症状は、まさに活字アレルギーの特徴と言えます。この活字アレルギーという問題は、現代社会において決して珍しいものではなく、多くの人が共感を覚える悩みと言えるでしょう。

活字アレルギーの背景には、様々な要因が複雑に絡み合っています。その一つが、デジタル化の進展です。私たちは日常的に、スマートフォンやパソコンのスクリーン上で、コンテンツを大量に消費しています。デジタルコンテンツに最適化された脳にとって、活字という「アナログ」な情報は、処理が困難なものに感じられるのです。

さらに、トレンドが急激に変わりやすいことも、活字アレルギーを助長していると考えられます。常に新しい情報が流れ込み、変化が加速する中で、じっくりと腰を据えて活字と向き合う時間を確保することは容易ではありません。

また、活字アレルギーの原因として、読書習慣の欠如も指摘されています。読書の楽しさを知らず、活字を「面倒なもの」「苦痛なもの」と捉えてしまう。この負のイメージが、活字アレルギーを引き起こす一因となっているのです。

活字アレルギーは、私たちの大きな課題の一つです。しかし、それは克服できない障壁ではありません。

一人ひとりが自分なりの方法で活字と向き合い、読書の喜びを発見していく。そうした地道な努力の積み重ねが、活字アレルギーを乗り越える原動力になります。

2 本を読んだのに効果が出なかった

読書は、多くのビジネスパーソンにとって、自己成長のための重要な手段の一つです。新しい知識を吸収し、視野を広げ、創造性を高める。そんな読書の力に魅了され、多くの人が本を手に取ります。

しかし、いざ読書を始めてみると、期待していたような効果が得られないと感じることがあるのではないでしょうか。

本を読んだのに、仕事のパフォーマンスが上がらない、日常生活に変化がない。こうした経験は、誰もが一度は味わったことがあるはずです。

せっかく時間を割いて本を読んだのに、その投資に見合うリターンが得られない。そんな虚しさを感じたことはないでしょうか。

実際、弊社の調査では、一般社員の約25％が「本を読んでも効果が実感できない」ことを、読書習慣が身につかない理由として挙げています。４人に１人もの人が、読書の効果に疑問を抱いているのです。この数字は、読書の意義を信じる人々にとって、衝撃的とも言えるでしょう。

しかし、よく考えてみてください。私たちは本当に、読書の効果を正しく理解しているのでしょうか。本を読むだけで、すぐに効果が現れると期待していないでしょうか。もしかしたら、私たちの読書観そのものに、問題があるのかもしれません。

ビジネスパーソンにとって、読書の真の目的は、単に情報を得ることではありません。その知識を咀嚼し、自分なりに解釈し、実生活や仕事に活かしてこそ、読書の意義があるのです。

つまり、読書はあくまでもインプットの過程に過ぎません。**アウトプットへとつなげなければ、本当の意味で読書の効果は発揮されない**のです。

しかし、私たちは往々にして、この重要なポイントを見落としがちです。本を読んで得た知識を、そのまま頭の中に留めておくだけ。新しいアイデアや発想を、実際に試してみることをしない。**こうした受動的な読書では、いくら良質な情報に触れても、自分の成長にはつながりません。**

たとえば、ビジネス書や自己啓発書には、様々な仕事術やコミュニケーションのコツが紹介されています。プレゼンテーションのスキルを高める方法、リーダーシップを発揮するためのマインドセットなど、一見すると実践的な内容が並んでいます。

しかし、それらを読んで「なるほど」と頷くだけでは、何も変わりません。

本で得た知識を、実際の仕事の場で試してみる。失敗しながらも、フィードバックを得て改善を重ねる。そうした能動的な姿勢があってこそ、読書の効果が実感できるようになるのです。

確かに、本を読む量が少なかったり、集中力が足りなかったりすれば、十分な効果は得られないかもしれません。しかし、それ以上に大きな問題は、読書の捉え方そのものにあるのではないでしょうか。

読書を知識のインプットに留めてしまう、受動的な姿勢。本を読むこと自体に満足してしまう、表面的なアプローチ。こうした読書観が、私たちの成長を阻んでいるのかもしれません。

読書の効果を実感できないという悩みは、多くの一般社員が抱える共通の課題です。しかし、だからといって読書の価値が損なわれるわけではありません。むしろ、読書の捉え方を見直すことが、今の私たちに求められているのです。

本を読んで得た知識を、どう活用するか。自分の仕事や人生にどう役立てるか。そこにこそ、読書の本質的な意義があるはずです。

受動的な読書から、能動的な実践へ。知識のインプットから、アウトプットへ。そんな読書観の転換が、私たちの成長を加速させてくれます。

3 夏休みの読書感想文にトラウマがある

夏休みの宿題といえば、多くの人が真っ先に思い浮かべるのが読書感想文ではないでしょうか。学校から課された課題図書を読み、その感想を文章にまとめる。一見すると、読書習慣を育むための良い機会に思えます。しかし、現実は必ずしもそうではないようです。

弊社が２０２１年に行った調査では、ビジネスパーソンの63％が夏休みの読書感想文にマイナスのイメージを持っていました。なぜ、そこまで苦痛を感じていたのでしょうか？

読書感想文が苦痛だった理由の一つに、読む本を自分で選べないことが挙げられます。子どもの頃は、好奇心に従って自由に本を選び、没頭することが読書の醍醐味でした。しかし、読書感想文では、そうした自由が奪われてしまうのです。

大人の決めた基準で選ばれた本を、義務感から読まなければならない。そこには、読書本来の楽しさや喜びは感じられません。


また、感想文を書くこと自体も、多くの子どもにとって大きな負担となります。本を読んで感じたことを、自分の言葉で表現する。それは一見すると素晴らしいことのように思えます。

しかし、学校の課題として課せられた感想文では、「正しい」感想が求められがちです。自分なりの解釈や感想が認められず、教師の期待する答えを書かなければならない。そんな強制された自己表現は、子どもたちの創造性を奪ってしまうのです。


さらに、読書感想文を書くために、貴重な夏休みの時間が奪われてしまうことも、マイナスイメージの一因となっているでしょう。

友達と遊びたい、家族と過ごしたい、やりたいことがたくさんある。そんな自由な時間を、本を読んで感想文を書くことに費やさなければならない。子どもの日には、それが「無駄な時間」と映ってしまうのかもしれません。

こうした夏休みの読書感想文の経験が、読書そのものへの苦手意識を生み出してしまうケースは少なくありません。本を読むこと自体が嫌いになってしまう、読書は義務でしかないと感じてしまう。そんな子ども時代の記憶が、大人になっても尾を引いているのです。

実際、読書習慣が身についていない多くの一般社員に、その理由を尋ねると、「子どもの頃、読書が嫌いだった」という答えが返ってくることが少なくありません。学校の課題として強制された読書感想文が、彼らから読書の喜びを奪ってしまったのかもしれません。

しかし、本来、**読書はもっと自由でクリエイティブな活動**のはずです。自分の興味関心に従って本を選び、ページをめくる。そこで得た知識や発見を、自分なりの言葉で表現する。そんな読書の醍醐味を子どもの頃から味わえていたら、もっと多くの人が読書を愛するようになったかもしれません。

子どもの頃の嫌な経験に縛られず、自由な読書の喜びを取り戻すこと。それが、読書習慣を育む第一歩となります。

4 積読の山を前に意気消沈する

書店に足を運び、自分の課題を解決してくれそうなビジネス書や、話題の自己啓発書を購入する。しかし、いざ本を手に取ってみると、なかなか読み進められない。気づけば、未読の本が、書棚に高く積み上がっている……。

これは、現代社会に蔓延する読書離れの象徴とも言えます。せっかく購入した本なのに、いつの間にか「積読」になって、そのたびに自分を責めてしまう。「また買っただけで終わってしまった」「読書の習慣が身につかない」と。

序章でも少し触れましたが、こうした**自責の念が、読書へのモチベーションを下げ、さらなる積読を生んでしまいます。**

積読が生まれる理由の一つはやはり「忙しさ」です。多くの95％社員は、朝早くから夜遅くまで働き、家に帰ってからも仕事のメールをチェックしたり、資料を読んだりと、常に何かに追われています。休日も、家事や育児、趣味に時間を割かなければならず、ゆっくり本を読む時間を確保するのは容易ではありません。

「今は忙しいから、後で読もう」と先延ばしにした本は、いつの間にか積読の山に埋もれていきます。

加えて、**情報がアップデートされるスピードが速まっている**ことも、積読を生む要因の一つと言えるでしょう。次から次へと新しい本が出版され、ベストセラーが話題になる。友人や同僚から「この本がおすすめ」と言われれば、つい購入してしまう。しかし、どの本から読めばいいのか迷ってしまい、結局どれも読まないまま、本棚に並べてしまう。選択肢が多すぎるために、かえって読書へのハードルを高くしているのかもしれません。

さらに、**日々の仕事やプライベートで感じるストレス**も、積読の原因になっていると考えられます。忙しさに加え、人間関係の悩みや将来への不安を抱えていると、読書に集中する気力が湧いてこない。「本を読んでも、すぐに問題は解決しない」「他にやるべきことがあるのに」と、読書への罪悪感を覚えてしまうのです。

積読に悩むビジネスパーソンの心情を想像してみてください。「読書で自分を高めたい」という前向きな思いがあるからこそ、本を手に取ったはずなのに、読み進められない自分にがっかりする。積読の山を前に、自分を情けなく思う。しかし、そんな自分を責めるほどに、読書から遠ざかってしまう。

「せっかく買ったのに」「読まなきゃいけないのに」。そんな義務感に駆られながらも、なかなか一歩が踏み出せない。仕事が忙しい、家事が溜まっている、疲れて集中できない。そう言い訳をしながら、読書の機会を先延ばしにしてしまう。

でも、心のどこかで、読書への思いはあきらめきれない。だから、また新しい本を買ってしまう。そして、積読の山はさらに高くなっていく一方です。

積読は、ビジネスパーソンの読書意欲を削ぐ大きな要因となっています。「本を読みたい」という前向きな気持ちを持ちながらも、現実の壁に阻まれ、積読の悪循環に陥ってしまう。そんな状況に、多くの人が共感を覚えるのではないでしょうか。

COLUMN

買った本を立てかけると未読率が28%下がる?

5%社員は、積読解消法として、買った本を積み上げないように心がけていました。上に積んでいく「横積み」は表紙やタイトルが見えなくて、何を買ったのかがわからず、読まないままになるというのです。

横積みではなく、**表紙が見えるように置いておくことで未読率が下がる**という人もいました。本が視界に入りやすいため、自分が「読みたい」と感じて購入したことを思い出しやすく、手に取って読もうという意欲が高まるのです。

多くの人は、新しく購入した本を横積みにして保管することが一般的です。しかし、5%社員は、この横積み方式が積読を生む原因の一つだと考えています。

本が重なっていると、下にある本を確認するには上の本をどかさなければならず、手間がかかります。そのため、つい本を手に取る機会を逃し、読まないままになって

図04　表紙が見えるように立てかけて積読解消

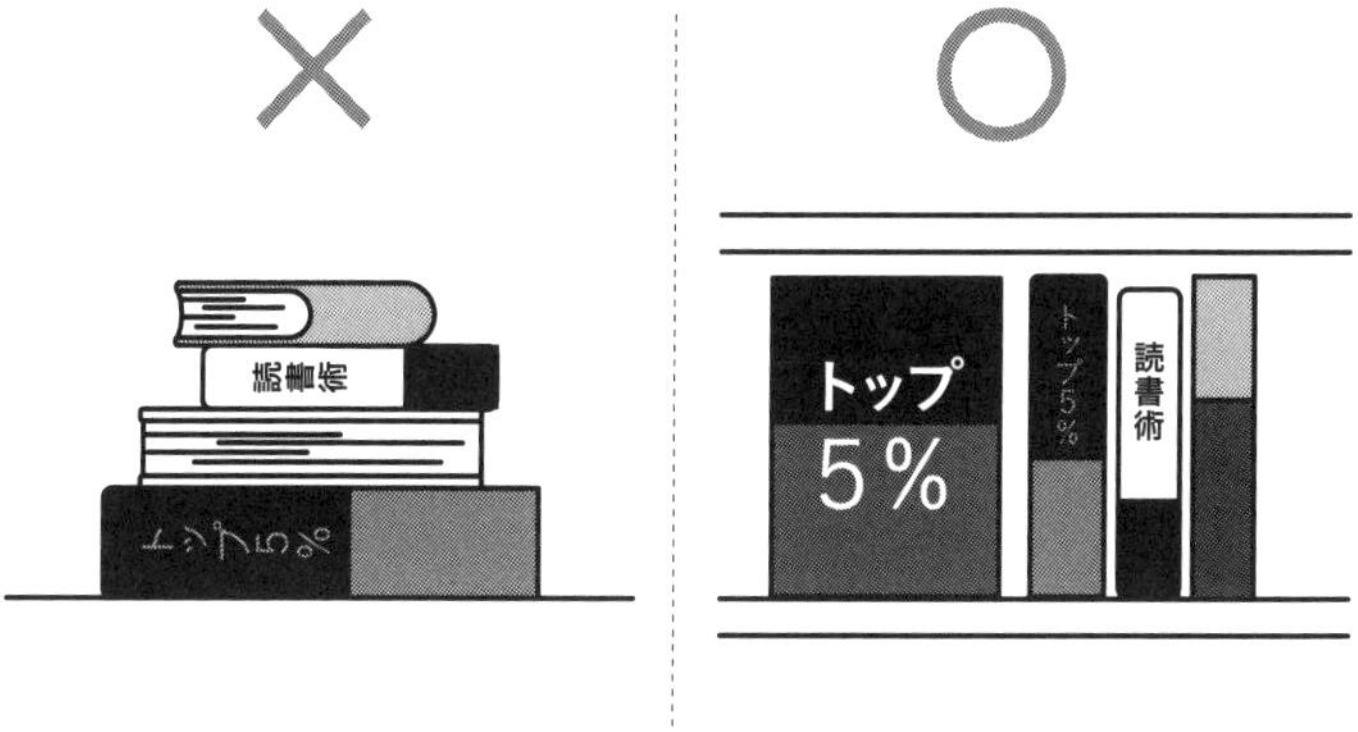

しまうというわけです。

そこで、買った本を立てかけると未読率が下がるのかを検証するため、678名のビジネスパーソンを対象に実験を行いました。

被験者を2つのグループに分け、一方のグループには今まで通り本を横積みで保管してもらい、もう一方のグループには本を立てかけて保管してもらいました。

そして、3ヶ月後、6ヶ月後、1年後の3回に分けて、それぞれの未読率を調査したのです。

結果は以下の通りでした。

【3ヶ月後】
横積みグループ：未読率68％
立てかけグループ：未読率54％

【6ヶ月後】
横積みグループ：未読率72％
立てかけグループ：未読率51％

【1年後】
横積みグループ：未読率75％
立てかけグループ：未読率47％

この結果から、本を立てかけて保管することで、未読率が大幅に下がることがわかります。特に、長期的に見ると、その効果は顕著です。

1年後の時点で、横積みグループの未読率が75%だったのに対し、立てかけグループは47%まで下がっています。つまり、**立てかけ方式を採用することで、積読を約28%も減らすことができた**のです。

では、なぜ本を立てかけると未読率が下がるのでしょうか。被験者にインタビューを行ったところ、以下のような意見が聞かれました。

「表紙がよく見えるので、自然と手に取るようになった」（30代男性）
「タイトルや著者名が常に目に入るので、買った本を忘れずに済む。読もうと思っていた本が積読になるのを防げた」（40代女性）
「本棚が整理整頓されているので、読みたい本を探しやすい。また、新しく買った本も埋もれずに済むので、すぐに読み始められる」（20代男性）

このように、本を立てかけて保管することで、視覚的に本の存在を意識しやすくなり、手に取って読むきっかけが生まれやすくなるようです。
また、本棚の整理整頓にもつながるため、読みたい本を探す手間が省け、スムーズに読書を始められるというメリットもあるようです。

さらに、立てかけ方式のもう一つの利点として、「読了した本と未読の本の区別がつきやすい」という点が挙げられます。横積みだと、読んだ本と読んでいない本が混在してしまい、どこまで読んだのかがわかりにくくなります。

しかし、未読を立てかけて、読了した本は積み方を変えておくと、進捗状況が把握しやすくなり、モチベーションの維持につながるのです。

実際、立てかけグループの中には、以下のような工夫をしている人もいました。

「読了した本は、本棚の上段に移動させ、未読の本は目の高さの位置に置いて視界に入るように意識している」(50代男性)

「ジャンルごとに本を立てかけて管理している。ビジネス書、自己啓発書、小説など、カテゴリーを分けることで、読みたい本を選びやすくなった」(30代女性)

このように、立てかけ方式を採用することで、本の管理方法にも様々な工夫が生まれます。自分なりのルールを決めて本を整理することで、より積読解消に効果的なシステムを構築できるでしょう。

以上の実験結果からもわかる通り、本を立てかけて保管する方法は、積読解消に非常に有効であると言えます。

長期的な視点で見ると、その効果は歴然です。本を手に取る機会が増え、読書へのモチベーションが高まることで、自然と積読が減っていくのです。

5％社員が実践している立てかけ方式は、一見すると簡単なことのように思えます。しかし、こうした小さな習慣の積み重ねが、大きな結果につながっているのです。

本を立てかけるという一つの工夫が、知識を深め、スキルを高める土台となっているのでしょう。

5 「時間割引率」で今を重視してしまう

多くの人が読書の重要性を認識しながらも、実際には読書習慣を確立できずにいます。その背景には、様々な要因が複雑に絡み合っていますが、その中でも特に大きな影響を与えているのが「時間割引率」の概念です。

時間割引率とは、将来得られる報酬よりも、現在得られる報酬を高く評価してしまう心理的傾向を指します。たとえば、「1年後に100万円もらえる」よりも、「今すぐ10万円もらえる」方を選ぶ人が多いのは、この時間割引率の影響と言えるでしょう。

この心理は、読書習慣の確立を阻む大きな要因となっています。読書は、短期的には目に見える成果が現れにくい活動です。長期的に見れば非常に価値のあるものですが、目先の利益には直結しません。

一方で、仕事ですぐに結果につながるのは魅力的です。プロジェクトを完了させればば評価が上がり、残業すれば手当がもらえる。こうした目に見える見返りが、読書による長期的な効果を上回って見えてしまうのです。

さらに、効率を重視する風潮も、読書習慣の確立を難しくしています。緊急のメールに返信すること、短期的なプロジェクトの締め切りを守ること、そしてその日の仕事に追われること。これらの即時の業務が常に優先されがちです。その結果として、自己成長につながる活動が放置されてしまうのです。

弊社が2024年に実施したアンケート調査では、**ビジネスパーソンの平均読書時間は1ヶ月でわずか41分程度**という衝撃的な数値が明らかになりました。多くの人が読書の大切さを理解しながらも、実際には読書の時間を十分に確保できていない現状がここに表れています。

この状況を打開するためには、時間割引率の心理に逆らい、長期的な視点を持つことが不可欠です。目先の利益だけでなく、将来の自分への投資としての読書の価値を正しく認識する必要があるでしょう。

第2章

5％社員のユニークな本選び

常に高いパフォーマンスを発揮し、周囲を牽引するリーダー的存在の人たちは、一体どのように読む本を選んでいるのか。その本選びの秘訣を知りたいと思ったことはありませんか？

実は、5％社員の選書法には、いくつかの共通点があるのです。それは、単なる偶然や気まぐれではなく、戦略的で意図的な行動なのです。

本章では、ヒアリング調査によって明らかになった5％社員の本選びの実態を紹介します。

1 セレンディピティ 5対2の法則

5%社員が実践している「セレンディピティ5対2の法則」を紹介します。セレンディピティとは偶然の幸運に出くわすこと。この法則は、彼らが「本の選び方」に用いている興味深い方法論です。

その内容は、**自分の専門分野や直面している課題に対応する本を5冊選び、残りの2冊は偶然の出合いや新しい分野の本を選ぶ**というものです。一見シンプルに見える法則ですが、実は知識の深化と拡大を同時に促進する効果的なアプローチなのです。

まず、専門分野や課題に合う5冊の選書について考えてみましょう。これらの本は、自分の業務やキャリアに直結する情報を得るために不可欠です。いわば「答え合わせ」のようなものであり、自分の知識を深化させ、専門性を高めるための確実な方法

図05　専門性を高める本：偶然の出合い＝５：２で選ぶ

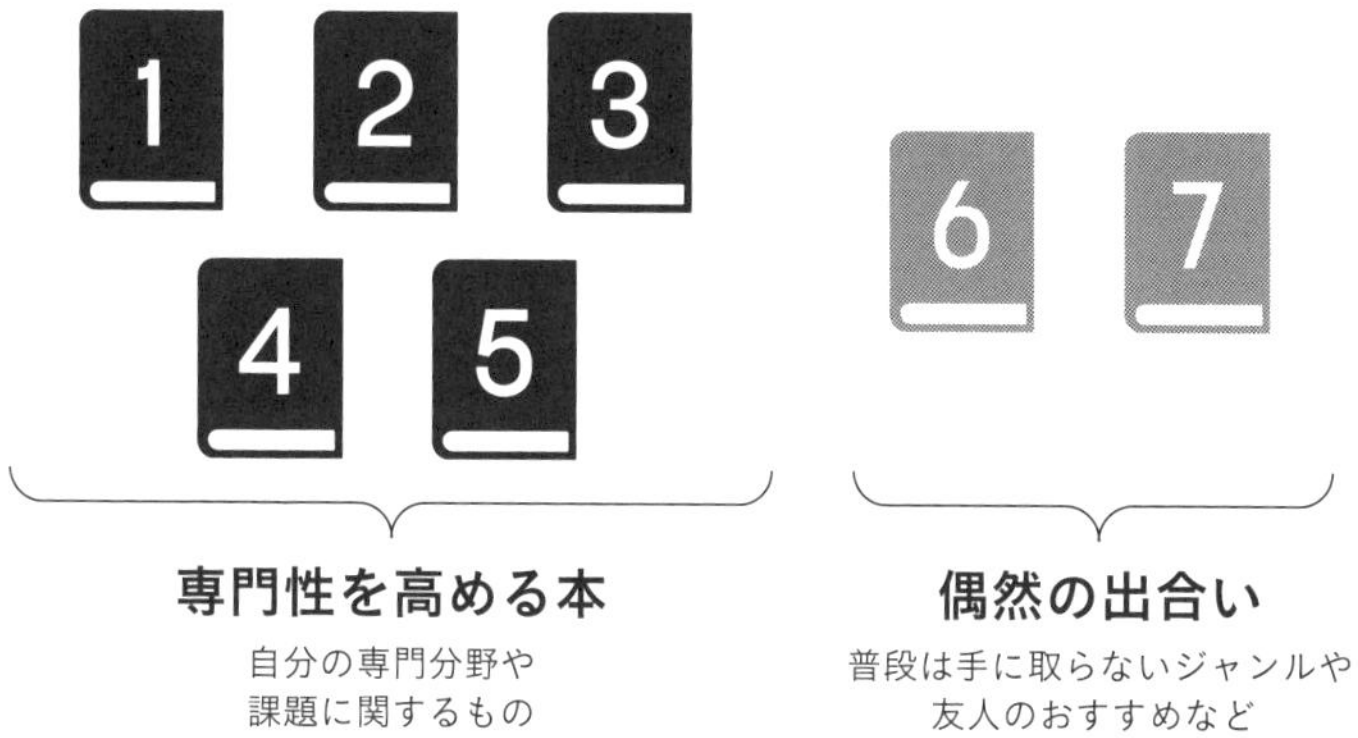

と言えるでしょう。

しかし、ここで多くの人が陥りがちな落とし穴があります。それは、自分の専門分野だけに偏った読書をしてしまうことです。専門知識を深めることは大切ですが、そればかりに注力していると、視野が狭くなってしまう恐れがあります。新しいアイデアや発想は、往々にして異なる分野との交流から生まれるものです。だからこそ、5％社員は、残りの2冊を「偶然の出合い」に費やしているのです。

残りの2冊は、いわば「セレンディピティ」のための選択です。**読書のセレンディピティとは、予期せぬ知識やインスピレーション（刺激）との出合いを指し**

ます。

たとえば、書店で何気なく手に取った一冊が、思いがけない発見をもたらしたり、自分の仕事に新しい視点を与えてくれたりすることがあります。また、普段は読まない分野の本に挑戦することで、新しい興味や可能性を見出すこともあるでしょう。

このように、「セレンディピティ5対2の法則」は、専門性を深めつつも、常に新しい刺激を取り入れる仕組みなのです。

この法則を実践することで、知識の幅を広げ、柔軟な思考を身につけることができます。そして、それこそがイノベーションを生み出し、変化の激しいビジネス社会を生き抜くために必要な力なのです。

まずは、自分の専門分野や課題に関連する本を5冊選んでみてください。そして、残りの2冊は、普段は手に取らないジャンルや、友人のおすすめなどから選んでみましょう。本屋で偶然見つけた一冊でもいいかもしれません。大切なのは、自分の知的好奇心に正直に従うことです。

実は、私たちのキャリアの多くは、偶然の出合いによって形作られていると言われています。キャリア論の権威であるクランボルツ教授の研究によれば、**成功したキャリアの８割は、予期せぬ出合いや機会によるもの**だそうです。

だとしたら、読書を通じて偶然の出合いを増やすことは、とても意味のあることではないでしょうか。本との出合いは、新しい知識や視点だけでなく、人生を変える一歩になるかもしれません。

私自身、偶然手に取った一冊の本が、人生の転機になりました。それは、書店で何気なく手に取った、一見地味な印象の本でした。

でも、その本に書かれていた内容は、私の価値観を根底から覆すものでした。あのときの出合いがなければ、今の私はないと言っても過言ではありません。

このシンプルな法則を続けることで、あなたの知的世界は大きく広がっていくはずです。偶然の出合いを、必然の成長に変えていく。それこそが、５％社員が実践している読書術の真髄なのです。

COLUMN

ジョブズら偉人たちを変えた「学びによるセレンディピティ」

新たな知識との出合いは、時として人生を変えるほどの威力を持っています。それは、まるで運命の導きのような、偶然の発見とも言えるでしょう。この「学びによるセレンディピティ」とも呼ぶべき現象は、多くの偉人たちの人生を形作ってきました。

スティーブ・ジョブズの例を見てみましょう。彼が大学を中退した後、興味本位で参加したのは書法（カリグラフィー）のクラス。彼はそこで手にした書法の書籍をもとに、知識を深めていきました。

当時のジョブズは、この知識が将来役立つとは想像もしていませんでした。しかし、数年後、彼はこの経験を活かしてMacintoshコンピュータを設計したのです。美しいタイポグラフィを実現したMacは、パーソナルコンピュータの歴史に大きな足跡を残しました。もしジョブズが書法に出合っていなかったら、Macは生まれなかったかもしれません。

ジョブズの体験は、私たちに重要なメッセージを伝えています。それは、**一見無関係に見える学びが、後に人生を大きく変える可能性を秘めている**ということです。

読書は学びの宝庫です。興味の赴くままに手に取った一冊の本が、新しい世界への扉を開くかもしれません。あるいは、偶然出合った言葉が、人生の指針となるかもしれません。

歴史を振り返れば、読書がもたらしたセレンディピティの例は枚挙にいとまがありません。マーティン・ルーサー・キング・ジュニアは、ガンジーの自伝を読んだことで非暴力抵抗の思想に出合い、公民権運動の指導者となりました。彼の読書体験は、アメリカ社会に大きな変革をもたらしたと言えるでしょう。

また、科学の世界でも、読書がイノベーションの源泉となってきました。Ｈ・Ｇ・ウェルズの『タイム・マシン』は、時間旅行という概念を広く世に知らしめ、多くの科学者や哲学者に影響を与えました。ＳＦ小説から着想を得た研究者たちは、時間の本質や因果律について新たな理論を打ち立ててきたのです。

これらの例が示すように、読書は私たちの想像力を刺激し、新しい発想を生み出す触媒となります。普段は触れることのない分野の本を手に取ることで、自分の知的好奇心が目覚めるかもしれません。そこから始まる探究の旅は、人生を豊かにする新たな発見に満ちています。

しかし、読書のセレンディピティは、受け身でいるだけでは得られません。それは、能動的に異なる分野に触れ、未知なるものに飛び込む勇気を必要とします。

5％社員が実践している「セレンディピティ5対2の法則」は、まさにこの姿勢を体現しています。自分の専門外の本をあえて選ぶことで、彼らは常に新しい刺激を取り入れているのです。

読書のセレンディピティは、偶然の産物のように見えて、実は必然の結果なのかもしれません。なぜなら、本を開くという行為自体が、新しい出合いを求める意志の表れだからです。

一冊の本を手に取るとき、私たちは無意識のうちに、人生を変える一ページを開こうとしているのです。

偉人たちの読書体験は、私たちに勇気を与えてくれます。

未知の本を恐れず、好奇心に身を任せる。そうすることで、人生を変えるようなセレンディピティに出合えるかもしれません。読書は、まさに人生の冒険なのです。

さあ、あなたも今日から、セレンディピティを求める読書の旅に出てみませんか。

いつもとは違うジャンルの本を手に取ってみましょう。そこには、あなたの人生を豊かにする発見が待っているはずです。

2 勧められた本は2分以内にカートに入れる

5％社員は初動が早いです。彼らは、本を勧められると、すぐにネットショップを開き、わずか2分以内にカートに入れます。

彼らは月に7冊程度の本をまとめ買いしますので、カートに入れておいた本をあとで一括購入します。彼らのこの習慣には、重要な意味が隠されているのです。

まず、彼らがこのように素早く行動するのは、**情報の価値を瞬時に判断し、機会を逃さない**ためです。

処理できないほどの情報が流通する現代社会において、自分にとって有益な情報を見極める力は非常に重要です。5％社員は、その情報を素早くキャッチし、行動に移すことで、チャンスを掴んでいるのです。

本を勧められたとき、彼らは即座にその本の価値を判断します。自分のキャリアや個人的な成長に役立つと感じたら、迷わずカートに入れるのです。この迅速さこそが、彼らを他の人々と差別化する要因の一つなのかもしれません。

しかし、多くの人がここで、次のようにつぶやくでしょう。「自分には、そんなに速く判断することはできない」と。

確かに、すべての人が５％社員のようにすぐに行動に移せるわけではありません。でも、そんなあなたも大丈夫。大切なのは、彼らの習慣から学ぶ姿勢を持つことなのです。

たとえば、本を勧められたとき、すぐに買わなくても、メモを取る習慣を身につけるところから始めればいいのです。５％社員の多くが、レシートの裏などに、勧められた本のタイトルやキーワードをメモしているそうです。このちょっとした習慣が、後で本を手に取るきっかけになるのです。

また、彼らが本を素早く購入するのは、**興味や関心が冷めないうちに行動する**ためでもあります。新しいことを学ぼうとする意欲は、時間とともに薄れていくもの。だからこそ、興味を持ったときが行動のチャンスなのです。

あなたも、本を勧められたときは、まずはメモを取ってみてください。そして、なるべく早めに本を手に取る。読み始めたら、自分の仕事や生活にどう活かせるか考えてみる。そんな小さな習慣の積み重ねが、やがて大きな成長につながっていくはずです。

勧められた本を読むことは、自分の世界を広げるチャンスです。普段は選ばないジャンルや著者の本に触れることで、新しい発見や気づきが得られるかもしれません。そんな偶然の出合いを、もっと積極的に引き寄せてみませんか。

本屋に足を運ぶ、友人に本を勧めてもらう、ＳＮＳで話題の本をチェックする。偶然の出合いを増やすためのアクションは、たくさんあります。

そうして出合った本を、５％社員のように素早く手に取る。そんな習慣を身につけることで、あなたのキャリアや人生に、思いがけない変化が訪れるかもしれません。

3 1月と4月は薄い本を選ぶ

新年や新年度は、多くの人が新たな目標や習慣を立てる時期ですが、その実現には困難が伴うことも少なくありません。特に読書習慣を確立もしくは継続することは、多忙なビジネスパーソンにとって高いハードルです。

５％社員は、読書を習慣として確立し、知識を業務に活かすことで、着実な成果を上げ続けています。では、彼らはどのように読書習慣を身につけ、継続しているのでしょうか。その鍵の一つが、「1月と4月は薄い本を読む」という一見シンプルな方法にあります。

なぜ5％社員はこの時期に薄い本を読むのでしょう。その理由は2つあります。

年末と年度末に読書の振り返りをする5％社員は、新年と新年度にも読書習慣を継続しようと意気込みます。しかし、高めすぎた意識は早く下がります。そのことを知っている彼らは、温存戦略を取るのです。分厚い本をガンガン読むのではなく、ページの少ない本を着実に読んでいたのです。

2つ目の理由は、初動を早めるためです。帰省や旅行などでゆっくり休んだあとの新年や、新たな環境でスタートする4月は慣らし運転として薄い本を読破します。**短時間で確実に読み終えることで自己効力感を得られて、読書習慣を継続できると言っていました。**

このアプローチの背景には、習慣化のコツがあります。習慣化においては、小さな成功体験が重要です。**薄い本から読み始めることで、読了感と達成感を得やすく、習慣化のハードルを下げることにつながります。**一冊の本を完読することが、次の本への意欲を高め、読書の習慣を強化するきっかけになるのです。

内容が高度で分量も多いビジネス書を前にすると、「仕事で忙しいのに、こんなに読み切れるわけがない」と挫折してしまう人が少なくありません。一方、100ページ程度の薄い本なら、スキマ時間を活用して読み進められます。

ある調査では、新しい習慣を身につけるには平均66日かかることが明らかになっています。この間、継続的に行動を積み重ねることが習慣化の鍵を握ります。

薄い本から始めることで、着実に目標を達成していくことができます。小さな成功体験の積み重ねが、習慣化へのモチベーションを高めていくのです。

実際、５％社員へのインタビューでは、読書習慣の始まりは「気軽に読める本との出合い」がきっかけだったと答える人も少なくありません。

ある営業部長は、「大学時代、1月にたまたま手に取った薄いビジネス書がきっかけで、読書の面白さに目覚めた」と振り返ります。また、ある経営企画部の課長は、「新入社員時代、4月に上司に勧められた一冊の本が、読書習慣づくりのきっかけになった」と語ります。彼らの経験からも、最初の一冊の重要性がうかがえます。

手軽に読める薄い本から始めることで、「読書は難しい」というハードルを乗り越えられます。そこから広がる知識の世界が、あなたのビジネスパーソンとしての可能性を大きく広げてくれるはずです。

読書習慣の確立は、一朝一夕にはいきません。しかし、小さな一歩を積み重ねることで、着実に前進できるのです。

4 ポートフォリオ・バランスを考える

5％社員は、ただ闇雲に本を読むのではなく、読書の媒体のバランスを意識していることがわかりました。彼らは1年で平均約43冊もの本を読むのですが、その内訳は紙の本が56％、電子書籍が26％、オーディオブックが18％という比率になっています。特にオーディオブックの割合が予想以上に高いことに気づかされます。

一般社員と比べると、5％社員は電子書籍を1・8倍、オーディオブックに至っては実に78・2倍も多く活用しているのです。これは、彼らが状況に応じて多様な媒体を選択し、全体のポートフォリオを意識しているからだと言えるでしょう。

でも、ここで疑問に思う人もいるかもしれません。「なぜ、わざわざ電子書籍やオーディオブックを使うのか？　紙の本だけで十分ではないのか？」と。確かに、紙の本には紙の本の良さがあります。手に取って読む感覚、ページをめくる感触、書き込みができる利便性など、電子媒体にはない魅力がたくさんあります。

しかし、5％社員が電子書籍やオーディオブックを積極的に活用するのには、明確な理由があるのです。それは、**利便性**と**効率性**です。

電子書籍は、いつでもどこでも気軽に読むことができ、検索機能や辞書機能を使って効率的に学習できます。また、紙の本よりも安価で入手しやすいというメリットもあります。オーディオブックに至っては、移動中や家事の最中など、手や目が塞がっている状況でも読書を楽しめる大きな魅力があります。

ただし、彼らは紙の本の良さも十分に理解しています。集中して読み込むのに適しており、内容を深く理解するのに役立つ。書き込みができるため、自分なりの考えを整理しやすい。そうした紙の本の魅力を、彼らは決して無視しているわけではないのです。

むしろ、5％社員は、**紙の本、電子書籍、オーディオブックといった「読書方法の選択肢」を複数持って、読書の目的や状況に応じて使い分けているのです。**専門的な内容を深く理解したいときは紙の本を選び、気軽に情報を得たいときは電子書籍を活用する。移動中や運動中には、オーディオブックを聴いて時間を有効活用する。そうやって、それぞれの媒体の特長を理解し、効果的に組み合わせることで、読書の効率と効果を最大化しているのです。

読書のバランスを考えるのは、媒体だけではありません。5%社員は、**内容のバランス**にも注意を払っているのです。ビジネス書だけでなく、歴史、科学、哲学、文学など、**幅広いジャンルの本を読むことで、知識の幅を広げ、創造性を高めています。**

ある5%社員の例を見てみましょう。彼はビジネス書を読んで経営戦略を学ぶ一方、歴史書を読んで過去の成功例や失敗例から教訓を得ています。そして科学書を読んで最新の技術動向を把握し、哲学書を読んで思考力を鍛えています。さらに文学作品を読むことで、人間性や感性を磨くこともあるそうです。

こうして多様なジャンルの本を読むことで、5%社員は専門知識だけでなく、幅広い教養と深い洞察力を獲得しているのです。これこそが、ビジネスの世界で彼らを際立たせる大きな強みとなっているのでしょう。

さらに、彼らは読書のスタイルにもこだわりを持っています。**集中して読む時間と、**

リラックスして読む時間を適切に設定し、メリハリをつけているのです。集中して読むときは、目的意識を持って、重要なポイントをノートにまとめたり、自分の考えを書き込んだり。一方、リラックスして読むときは、好奇心に任せて、興味のあるトピックを探求する。そうやってメリハリをつけることで、効率的に知識を吸収しつつ、読書の楽しさも味わっているのです。


彼らの姿勢に学びながら、自分なりの読書バランスを探ってみましょう。

紙の本の良さを大切にしつつ、電子書籍やオーディオブックの可能性も取り入れる。ビジネス書だけでなく、様々なジャンルの本に触れ、知の幅を広げる。集中して読む時間と、リラックスして読む時間を上手に織り交ぜる。

そして何より、読書で得た知識を実際の行動に移し、自分自身の成長に活かしていく。そんな読書のあり方を追求することで、５％社員に近づけるのです。

5 スノークリスタル型で選書する

膨大な情報が溢れる中で、どのように知識を広げていけばいいのか。そんな疑問を抱えているビジネスパーソンは多いのではないでしょうか。

そこで注目したのは5％社員が実践する**「スノークリスタル型の読書術」**です。この方法は、雪の結晶が中心から徐々に広がり、美しい形を作り上げていくように、読書においても一つの中心テーマから関連分野へと知識を拡散し、深化させていくことを目指しています。

具体的には、**自分の興味と課題を起点に、関連する様々な方向へと読書の幅を広げていく**のです。

たとえば、コミュニケーション能力の向上に興味がある場合、まずはプレゼン技術に特化した本から始めます。そこから、傾聴力や言語化能力など、様々な側面に焦点を当てた本へと読み進んでいくのです。

また、トラブル対応の効率化という課題があれば、クリティカルシンキングの本で俯瞰的な視野を身につけ、さらにデザイン思考の本で仮説を立てて検証していくプロセスを学ぶといった感じです。

この方法の最大の利点は、自分の興味や必要性に基づいて読書を進められること。関心のあるテーマを中心に、そこから自然と読みたい本、読むべき本が見えてくるのです。まるで雪の結晶が中心から美しい形を作り上げていくように、読書の世界でも知識が有機的につながり、広がっていくのを感じられるでしょう。

スノークリスタル型読書術を実践することで、読書は**単なる情報収集ではなく、知識の体系を構築し、自己成長を促す活動へと変わります。**自分の興味に沿って本を選べば、読書への意欲も高まるはず。知識を深め、視野を広げることで、ビジネスの場で直面する様々な課題にも、柔軟に対応できる力が身につくでしょう。

スノークリスタル型読書術には、もう一つ重要なアプローチがあります。それが**「著者」を起点とした読書**です。ある著者の書いた本に感銘を受けたなら、その人の他の作品にも手を伸ばしてみる。そんな読書法も、知識を深め、視野を広げる上で非常に有効なのです。

著者を追いかけることで、その人の思考の流れや知識の展開を追体験できます。一人の著者が異なるテーマで書いていても、根底にある考え方や表現スタイルには一貫性があるもの。だからこそ、親しみのある著者の新作は、よりスムーズに、深く理解できるのです。

精神科医の樺沢紫苑先生は、『アウトプット大全』に続いて『インプット大全』（ともにサンクチュアリ出版）を発表しました。この2冊を通して読めば、アウトプットとインプットの関係性について、著者の視点から深く理解できるはず。著者の思考の展開を追うことで、自分の学びや知識の応用方法についても、新たな気づきが得られるでしょう。

そして、スノークリスタル型読書術のもう一つの鍵が**「続編」**です。親しんだ本の続きを読むことで、理解が再確認され、さらに深まります。前作の内容が頭に入っているから、続編はスムーズに読み進められる。そのプロセスで自然と前作の復習になり、記憶に定着しやすくなるのです。

人間の記憶は、復習によって定着する性質があります。続編を繰り返し読むことで、理解が深まり、行動に反映しやすくなるのです。

私が展開する「トップ５％シリーズ」も、この考えに基づいています。前作を踏まえて新作を読み進めることで、読者の納得感や理解を深め、実際の行動変化につなげることを目指しているのです。

スノークリスタル型読書術は、決して難しいものではありません。自分の興味を起点に本を選び、著者や続編を追いかける。そんなシンプルな読書の積み重ねが、やがて大きな知識の広がりと深みを生むのです。

COLUMN

5%社員はAmazonのレコメンドを参考にするのか？

本を選ぶ際、私たちはしばしばAmazonのレコメンド機能に頼ることがあります。膨大な数の本の中から自分に合ったものを見つけるのは容易ではありませんが、Amazonの優れたアルゴリズムが、私たちの好みや購入履歴に基づいて、おすすめの本を提案してくれます。

では、5%社員は、このレコメンド機能をどのように活用しているのでしょうか。

アンケート調査によると、**5%社員の96%がAmazonのレコメンドを参考にして本を買っていました。**さらに、そのうち76%が「積極的に活用する」と答えているのです。一方、95%社員で読書を習慣にしている人でも、Amazonレコメンドを参考にして本を買う割合は91%、「積極的に活用する」と答えるのは43%にとどまっています。

この結果から見えてくるのは、5%社員が、レコメンドを単なる参考情報ではなく、

重要な選書ツールとして活用しているということ。彼らは、レコメンドを一つのヒントとして捉え、自分の読書の幅を広げるチャンスと考えているようです。

たとえば、普段は手に取らないようなジャンルの本がレコメンドされたとき、彼らはそれを新しい発見の機会と捉えます。自分の知見を広げるきっかけになるかもしれない、と考えて、あえてその本を読んでみる。すると、思いがけない学びや気づきが得られることがあるのだとか。

また、レコメンドを通じて出合った本が、人生を大きく変えた経験を持つ人もいるそうです。ある5％社員は、Amazonから勧められた一冊のビジネス書が、自身のキャリアの転機になったと語ってくれました。その本に出合わなければ、今の自分はなかったかもしれない。そう振り返る彼の言葉が、強く印象に残りました。

しかし、ここで注目すべきは、5％社員が、レコメンドにすべてを委ねているわけではないということ。彼らの多くは、レコメンド機能を参考にしつつも、最終的には自分の判断を重視しているのです。

レコメンド機能にも限界はあります。Amazonの優れたアルゴリズムも、あくまで過去のデータに基づくもの。未知の分野の本や、自分の視野を大きく広げてくれるような本は、レコメンドされにくいのが現状です。

だからこそ、彼らはレコメンドを鵜呑みにするのではなく、批判的に吟味する姿勢を持っているのだそうです。レコメンドされた本も、書評や要約を読み、友人や同僚の意見を聞き、書店で実際に手に取ってみる。そうすることで、本当に自分に合った本を見極められると考えているのです。

Amazonのレコメンドは、あくまでも読書の入り口に過ぎません。そこから先は、自分の好奇心と判断力を頼りに、新しい知識の世界を探求していくのです。

5%社員は、レコメンドとスマートに付き合っています。時にはレコメンドに耳を傾け、時には自分の直感を信じる。そんな柔軟な姿勢が、彼らを卓越した読書家へと導いているのかもしれません。

第3章

読書は「準備」で決まる

読書習慣を身につけるには、どれだけの努力が必要だと思いますか？多くの人は、強い意志力と自己規律が不可欠だと考えるかもしれません。しかし、5％社員は、特別な努力をしているわけではなく、むしろ読書習慣を支える「準備」に注力しているというのです。

この章では、調査で明らかになった139個のテクニックの中から、一般社員たちの行動実験で「この方法で読書をする習慣が身についた」と答える人が多かった方法を紹介します。

1-①
環境準備

集中できる2W（Where場所とWhen時間）を決める

読書を習慣にするためには、読書の場所と時間を定めることが大切です。朝食前のダイニング、通勤時の電車内、あるいは休日の喫茶店など、自分にとって心地よく集中できる場所を見つけましょう。たとえば、私自身も毎朝30分の読書時間を設けており、その時間を心地よい環境で過ごすことで、1日のスタートを切っています。

読書をする場所は、読者の集中力や理解力に直接影響を及ぼします。自宅、通勤中などが一般的な選択肢ですが、それぞれに利点と欠点があります。

自宅での読書は、多くの人にとって最も手軽で快適な選択肢です。朝の30分間や就寝前の時間を読書にあてることは、日々の習慣に組み込みやすく、また自律神経を整える効果もあるとされています。ただし、自宅では家族の存在や日常生活の誘惑が集中力を乱す可能性があります。

一方で、通勤時間を利用することは、移動中の「すきま時間」を有効活用する絶好の機会です。特に関東地方のように通勤時間が長い地域では、往復2時間から2時間半の読書時間を確保できる場合が多いです。電子書籍やオーディオブックの利用は、この時間を最大限に活用する一つの方法です。

環境と時間は、読書を習慣化するための重要な要素です。

読書習慣を根付かせるには、最初の2週間は、同じ場所、同じ時間に読書をすることをおすすめします。毎日実践する必要はありません。快適に感じる場所と時間を見つけることが目的です。

5％社員は、読書習慣を確立するために、戦略的に場所と時間を選んでいます。自分が心地よく読書できる空間を確保し、読書のための時間を日々の中に組みましょう。そうしているうちに、読書は自然と日課となっていくのです。

5%社員のお気に入りの場所は近所の喫茶店だった

読書をしている場所を調査したところ、5%社員は他のビジネスパーソンと比べて、自宅以外で読書する比率が高いことが判明しました。特に違いが大きかったのは、喫茶店の比率です。**5%社員は喫茶店で読書する比率が1・9倍も高かった**のです。

喫茶店の静かで落ち着いた環境は、日常の喧騒から離れて、読書に集中するのに最適な場所だというのです。こうした場所は、新しいアイデアや思考に没頭するための静寂を提供し、読書を通じた学びや発見を深めるのに役立つと発言していました。

さらに調査を進めたところ、特に地元の小規模な喫茶店は、チェーン店と比べて静かで落ち着いた環境を提供することが多く、読書に没頭しやすいそうです。こうした場所は、日常から少し離れた「第三の場所」としての役割を果たし、5%社員にとっては自分だけの秘密基地のような存在だそうです。

図06　５％社員は「喫茶店」で読書する比率が一般社員の1.9倍

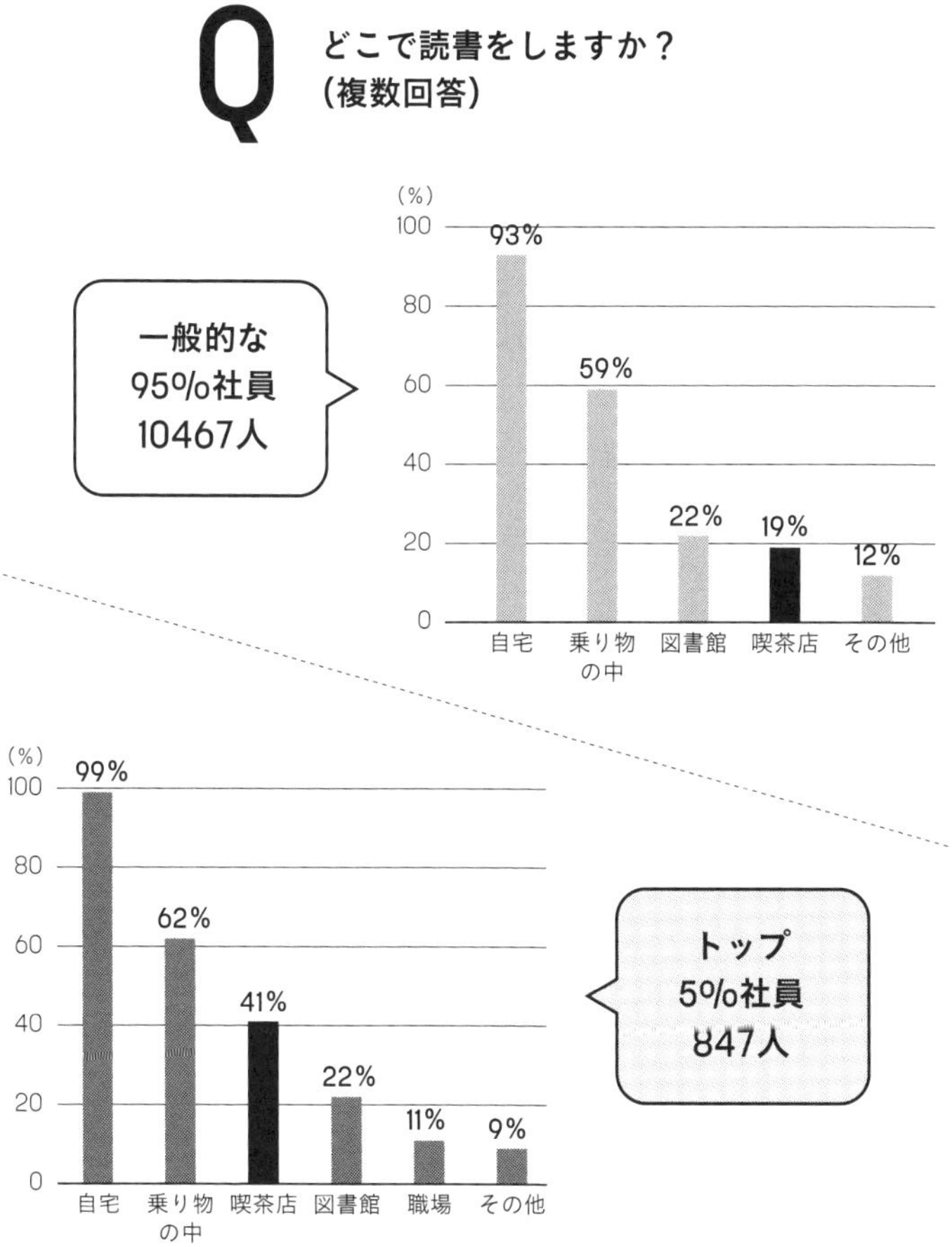

喫茶店で読書をすることで、新しい社会的つながりを築くこともできます。定期的に訪れることで、その場所の従業員や他の常連客との間に自然と会話が生まれ、読書を通じて得た知見や感想を共有する機会も生まれます。このように、読書は個人の内省だけでなく、社会的な交流のきっかけとなることもあるのです。

読書環境を選択する際には、**その場所が読書に対する自分の意図や目的に合致しているか**を考慮することが重要です。たとえば、学術書や専門書を読む場合は、静かで集中できる環境が必要でしょう。

自宅での読書は、個人のプライバシーと快適さを最大限に享受できる場所です。自宅で読書をすることで、自分だけの読書空間を作り出し、個人の好みに合わせた環境で読書に没頭できます。

もし家族や日常生活の誘惑によって集中力を保てない場合は、**特定の時間帯を読書のために確保したり、読書専用の静かなスペースを設けたりする**ことが有効だと5%社員が教えてくれました。

最終的には、読書環境を選ぶ際に最も重要なのは、個人の好みと生活スタイルに合わせることです。自宅での読書が好ましい人もいれば、移動中に読書することを好む人もいます。**大切なのは、読書体験を最大化するための最適な環境を見つけること**なのです。

あなたにとって最適な読書環境はどこでしょうか。自宅の書斎？　通勤電車の中？　それとも近所のお気に入りの喫茶店？　自分なりの読書スポットを見つける実験をしてみてください。

1-② 環境準備

スマホを遠ざける

読書は知識を吸収するだけでなく、自己成長の機会でもあります。しかし、スマートフォンが近くにあると、集中力を乱し、読書への集中力を妨げてしまいます。実際、5％社員は読書中にスマホをあえて見えないところにしまっている人が多いです。

私たちが行った5％社員へのヒアリングでは、デジタルデトックスを目的として読書をしている人が複数いることがわかりました。彼らは読書中、スマホを目に見えない場所に意図的に置いているのです。その理由を尋ねると、**「スマホは集中力を著しく乱し、読書への没入を妨げるから」**と口をそろえて指摘しました。彼らにとって読書は、単なる情報収集の手段ではなく、深い思考と内省の時間なのです。この大切な時間を最大限に活用したいという強い願望が、スマホを遠ざける行動につながっているのでしょう。

このアプローチは、5%社員が他と異なる成果を出せる理由の一つとも言えます。読書から得られる深い洞察と理解を仕事に活かし、革新的なアイデアを生み出す彼らにとって、デジタルデバイスからの誘惑を排除し、読書に完全に没頭できる環境を自ら作り出すことは不可欠なのです。

スマホを遠ざけることは、読書の効率を高めるだけでなく、ストレス軽減と心の平穏にもつながります。デジタルデバイスから絶え間なく流れ込む情報は、現代人の大きなストレス源です。この情報の洪水から意識的に距離を置くことで、**精神的なリフレッシュを得て、生産性を高められる**のです。

また、この環境づくりは仕事の取り掛かり方にも活かされます。スマホを遠ざけることは、**自分をコントロールする方法の一つ**と言えるでしょう。こうした自制心によって、日々の仕事やプライベートで直面する課題への初動が早まります。5%社員の特徴である「初動の早さ」は、高い生産性を実現する上で欠かせません。

1-③ 環境準備

読書用の服を用意する

読書は知識を吸収し、想像力を育む素晴らしい習慣ですが、時としてモチベーションを保つのが難しいこともあります。そんなとき、読書用の服を用意するという習慣が、読書をより楽しく、継続しやすいものにしてくれるかもしれません。

私たちが行ったヒアリングで、読書専用の服装パターンを持っている人がいることがわかりました。最初は少し驚きましたが、その背景や効果を聞いてみると、このアイデアの魅力に引き込まれずにはいられませんでした。**読書用の服を用意することで、読書の時間をより特別なものにし、集中力を高めている**のだそうです。

読書専用の服を用意する一番の利点は、**読書をする際の心理的な準備**ができることです。日常とは異なる服に着替えることで、特別な空間に入るような感覚を味わえます。これが読書への集中力を高め、読書体験をより豊かなものにしてくれるのです。

また、読書専用の服を選ぶこと自体が、**読書への期待感を高める**プロセスにもなります。快適でリラックスできる服を選ぶことで、読書時間の楽しみがさらに大きくなるのです。柔らかく肌触りの良い素材、リラックスできるデザインの服を選べば、読書の時間がより心地よいものになるでしょう。

読書専用の服を用意することは、読書に対する自分自身の姿勢を表す行為でもあります。読書をただの暇つぶしではなく、自己成長やリラックスのための大切な時間と位置づけることで、読書から得られる満足感や達成感が格段に向上します。

さらに、読書専用の服を持つことは、読書習慣を確立する上でも効果的です。読書の時間が来たら、**読書専用の服に着替えるルーティンを決めることで、自然と読書の時間を作り出せます。**このような小さな儀式は、読書を習慣化する上で非常に役立つのです。

読書のための小さな準備が、読書の魅力を一層引き立て、読書生活を豊かにしてくれます。ぜひ、自分だけの読書用の服を用意してみてください。その服に袖を通したとき、きっとあなたの読書はスムーズに始まるでしょう。

1-④
環境準備

読書休暇を取得する

日々の忙しさに追われ、なかなか読書の時間を確保できないというのが現状ではないでしょうか。驚くことに、５％社員は読書だけに集中する「読書休暇」を設けているそうです。

この習慣は、彼らのパフォーマンスを大きく向上させ、常に業界の最前線で活躍するための新しい知識やインスピレーションを得る上で非常に有効だといいます。

読書休暇とは、**日常業務から一時的に離れ、読書に没頭するための特別な時間**のことです。この期間中、５％社員は仕事に関連する専門書から自己啓発書、さらにはフィクションまで、様々なジャンルの本を読むそうです。新しいアイデアに触れ、思考の幅を広げるための絶好の機会となるのです。

読書を通じて問題解決のための新しい視点を得たり、自分自身のスキルアップにつながる知識を吸収したりできるのは、大きなメリットと言えるでしょう。

また、読書休暇は**精神的なリフレッシュ**を図る上でも効果的です。業務に追われる中で自分自身を見失いがちな私たちも、この時間を通じて自己と向き合い、心のバランスを取り戻すことができます。

読書は知的な活動であると同時に、心を落ち着ける効果もあるのです。仕事のパフォーマンス向上だけでなく、メンタルヘルスの維持にも寄与するのが読書休暇の魅力です。

読書休暇を取り入れる際は、計画を立てるのもおすすめです。どのような本を読むか、読書にどれくらいの時間を割り当てるかを事前に決めておくことで、読書休暇を最大限に活用できます。

また、読書の進捗を記録することで、自分自身の成長を可視化し、モチベーションを維持することもできるはずです。

読書休暇を取得するのは難しいと感じるかもしれませんが、まずは短い時間からでも始めてみませんか？　厚生労働省の調査によると、日本における２０２２年の有給休暇の取得率は58・３％です。休暇を取らない人の中には、休んでもやることがないと答える人もいます。

そこで、読書だけのために半日休暇を取ってみてください。読書休暇をはじめて体験した一般社員のうち75％が「意外と良かった」と回答しました。

意識を変えてから行動を変えるのではなく、行動を変えたら意識が変わるのです。

この時間が自分自身の成長や仕事の質の向上に直結すると考えれば、その価値は計り知れないはずです。

2-①
心の準備

リラックスする

読書を勉強や修行のように重く感じてしまうこともあります。そんなときは、「気分転換のために読書する」と行動のハードルを下げた方が、結果的にうまくいくのです。

私たちが行ったヒアリングでは、読書を苦行や修行だと重く受け止めてしまうと、なかなか続かないという意見が多く聞かれました。一方で、読書の前にマインドセットを変えることで、読書を楽しみながら学ぶことができるという経験を持つ人もいました。このリラックスを目指すアプローチが、読書習慣の定着を促すのです。

読書はストレス解消につながります。本を開くことで、一時的に現実から離れ、作り上げられた物語の世界に浸ることができるのです。

ビジネスの現場では、様々な課題やプレッシャーに直面せざるを得ませんが、読書の時間を上手に作ることで、そうした煩わしさから解放され、心の休息が得られます。心身ともにリフレッシュされ、また現実に立ち向かう活力が湧いてくるのです。

実際に、読書がストレス解消に効果があることは、様々な調査で明らかになっています。たとえば、イギリスの調査会社が行った調査では、**読書がストレス解消に最も効果的な方法の一つ**であることが示されました（Galaxy Stress Research, 2009）。調査対象者の68％が、読書がストレス解消に役立つと回答しています。

読書を始める前に、**深呼吸をして心を落ち着かせる**人もいます。リラックスすることで、集中力が高まり、インプットの効率も上がるというのです。

また、読書に集中するためにリラックスするのではなく、読書自体をリラックスする手段と捉える人もいました。しかも、小説や雑誌ではなく、ビジネス書を読むことで心を落ち着かせるというのです。

このアプローチを実践する人たちは、ビジネス書を読むことを単なる勉強や自己啓発の手段としてではなく、心をリフレッシュさせる時間として大切にしています。彼らにとって、ビジネス書から得られる新しい知識や考え方は、日常のストレスから解放される一種の瞑想のようなものなのです。

静かな場所を選び、快適な椅子に座り、必要ならば柔らかな音楽を流す。このようにして、読書を最高のリラックスタイムとして設定することで、読書から得られる効果を最大限に高められます。

この環境設定は、読書によるリラックス効果を高めるだけでなく、集中力を向上させます。

読書の時間は、日々の忙しさから離れ、自分自身と向き合う貴重な機会です。仕事のパフォーマンス向上だけでなく、精神的なウェルビーイングにも寄与します。

読書を勉強や修行ではなく、心を落ち着かせるための時間と捉え、読書の効果を享受してはいかがでしょうか。

2-②
心の準備

吸収率70％を目指す

５％社員は完璧を目指して読書をしません。完璧を目指してしまうとストレスが増大し、読書そのものが負担になってしまうからだそうです。

彼らは読書を自己成長や知識の獲得のための道具として利用していますが、同時に楽しむことも忘れません。読書を一つの楽しみとして、あるいはリラクゼーションの時間として捉えているのです。

完璧主義に走ると、一冊の本を完全に理解しようと必死になります。しかし、そうした意識が強くなりすぎると、かえって読書への意欲を失ってしまう危険性があります。理解が進まないストレスから、読書自体に嫌気がさしてくるのです。

５％社員はこの危険性を熟知しており、適度に「完璧をあきらめる」ことで、読書を常に楽しみながら続けられる工夫をしています。

必ずしも一冊すべてを完全に理解しなくてもよいと開き直り、要点を掴めば次の本に進むのが彼らのスタイルです。知識の一部を犠牲にしてでも、前に進み続けることを選んでいるわけです。

つまり、彼らの読書法の肝は「**場当たり的に読む**」ことにあります。細部まで徹底的に追及するのではなく、概要を掴んだら次に進んでいくのです。そうすることで、様々な知識を幅広く摂取し続けるのが狙いなのです。

さらに付け加えると、彼らが100％を目指して読書をしない理由として、「**視野が狭くなる」ことを強く警戒している**ようです。

一冊の本を徹底的に読み込もうとすると、その本の考え方に深く浸かりすぎてしまい、他の視点を無視してしまう危険があるからです。

知識を完璧に理解しようと一冊一冊を深く読み込み、すべての情報を網羅しようとしてしまいがちな多くの社員とは対照的に、トップクラスの社員は常に多様な視点に触れ続けることを心がけています。

「70％を目指す」という考え方は、読書を続ける上で非常に重要なポイントでしょう。完璧主義に陥らず、適度に要点を掴んで次に進むことで、読書への意欲を維持しながら、幅広い知識を吸収し続けることができるのです。

2-③
心の準備

2分のアファメーション

読書しようとしても、時として自己否定的な思考が邪魔をして、やめてしまうことがあります。そんな場合に有効なのが、**たった2分のアファメーション（自己肯定言葉による自己暗示）**です。

私たちが行ったヒアリングでは、読書前に自分自身に向けてポジティブな言葉を唱え、心を整えている5％社員がいました。これにより、知識の吸収率を高め、さらにその情報を業務で活用するための動機づけになると答えてくれました。

たった7人の習慣ではあるものの、一般社員788名に実践してもらったところ、67％が読書に没頭することに役立ったと答えました。ポジティブなアファメーションを使うことで、自己否定を払拭し、読書に集中しやすくなったそうです。

このアプローチの背後には、心理学の原理が働いています。自己肯定感を高めることで、私たちは新しい挑戦に対してよりオープンになり、困難に直面した際にもポジティブなマインドセットを保つことができます。

では、ポジティブなアファメーションをどのように実践すればよいのでしょうか？最も効果的な方法の一つは、読書を始める前に、**「私は新しい知識を吸収し、それを自分の成長に役立てることができる」といった具体的なアファメーションを唱える**ことです。このシンプルな行為が、読書への姿勢を根本から変える力を持っているのです。

たとえば、自己啓発書を読む前に、**「この本には、私の業務効率をより良いものにするヒントが隠れている」**と自分に言い聞かせてみましょう。

あるいは、専門書を読む際には、**「この本を読み終えたとき、私はこの分野のエキスパートに一歩近づいている」**というアファメーションを唱えてみるのもおすすめです。自分なりのアファメーションを見つけ、読書前の習慣として取り入れてみてください。

この習慣は、読書に限らず、プレゼンテーションやミーティング、新しいプロジェクトの開始など、ビジネスのあらゆるシーンでも応用できます。

自己否定的な思考は、誰もが持つ自然な感情かもしれません。しかし、それに支配されてしまっては、不安から逃れることができなくなり、集中力を維持できません。そんなとき、ポジティブなアファメーションを唱えて心を整える習慣が、読書の効果を高めるのに役立つのです。

自分なりのアファメーションを見つけ、読書前の習慣として取り入れてみましょう。最初は少し不思議な感覚かもしれませんが、続けていくうちに、自然と前向きな気持ちで読書に臨めるようになるはずです。そして、その前向きな姿勢が、読書から得られる知識の吸収を助けてくれます。

2-④ 心の準備

サンクコスト効果を応用する

多くの人が「もっと多くの本を読みたい」と思っていますが、忙しい日常の中で読書の時間を見つけるのはなかなか難しいものです。

読書量を増やすためには、本を選ぶプロセスから、それを手に入れる方法まで、あらゆる段階において意識的なアクションが求められます。

サンクコストとは、すでに投資した時間やお金、努力のことです。こうした**自分が費やしたコストを無駄にしたくないという気持ちが、意思決定に影響を与えることをサンクコスト効果といいます。**

たとえば、高額なチケットを買ってコンサートに行く予定だったのに、当日体調が悪くなったとします。多くの人は、チケット代が無駄になるのは嫌だから、体調が悪くても行かなければならないと考えるでしょう。これがサンクコスト効果の一例です。

このサンクコスト効果を読書に応用することで、読書を習慣化することができます。具体的には、次のような方法が考えられます。

1 高価な本を買う
2 読書用のツールに投資する
3 読書の時間を確保する
4 読書の目標を設定する

まず、高価な本を買うことで、サンクコスト効果を得ることができます。安い本なら読まなくてもいいと思ってしまうかもしれませんが、高価な本なら読まないと買った意味がないと感じるはずです。

次に、読書用のツールに投資することも効果的です。たとえば、高級な読書灯や、良い香りのするブックマーカー、高価な読書用メガネなどを買うことで、読書への意欲を高めることができます。

また、読書の時間を確保することも大切です。

毎日1時間の読書タイムを設けたり、週末の午後を読書の時間にしたりと、読書の時間を予め確保しておくことで、サンクコスト効果を得ることができます。

さらに、読書の目標を設定することも効果的です。

たとえば、1ヶ月に5冊の本を読むという目標を立てたとします。目標を達成するために本を買ったのに、読まないと買った本が無駄になってしまうと感じ、実際に積読が解消されたという実証実験の結果もあります。

ただし、サンクコスト効果を得るためには、適度な投資が必要です。

高すぎる投資は、逆に読書へのプレッシャーになってしまう可能性があります。自分に合った適度な投資を見つけることが大切です。

COLUMN

5%社員はこうして逆境と挫折を克服した

スポーツ選手がケガをするように、ビジネスパーソンも傷を負うことがあります。

読書しようと思って大量に買った本を見て不甲斐なさを感じ、仕事が忙しくなって読書ができないことに不満を感じてしまいます。

そんなとき、多くの人は「自分に読書は向いていない」「仕事が忙しすぎて読書なんてできない」とあきらめてしまいがちです。

しかし、5%社員は、そこで立ち止まりません。彼らは、過去の失敗や現状の困難を乗り越えるための方法を探るのです。

たとえば、読書を習慣化できなかった経験を振り返ってみましょう。そのとき、何が原因で読書が続かなかったのでしょうか。

仕事が忙しかった、本を読む時間が取れなかった、読みたい本が見つからなかった……。そんな理由が浮かぶかもしれません。

5％社員は、こうした過去の失敗から学び、次の行動につなげます。

仕事が忙しいなら、通勤時間を読書の時間にあてる。本を読む時間が取れないなら、1日10分でも読書の時間を確保する。読みたい本が見つからないなら、友人や同僚におすすめの本を聞いてみる。

彼らは、過去の失敗を教訓に、新たな戦略を立てるのです。

彼らは、大きな目標を一気に達成しようとは考えません。彼らは、まず一歩を踏み出すことを大切にします。

読書習慣を身につけるためには、1日に1ページでも読むことから始めればいいのです。小さな一歩を積み重ねることで、挫折を克服できるのです。

誰もが逆境や挫折を経験します。大切なのは、それをどう乗り越えるかです。過去の失敗に囚われず、これからの行動にフォーカスすること。小さな一歩を踏み出す勇気を持つこと。そうすることで、きっと読書習慣を身につけることができるはずです。

3-①
物的準備

自分だけの「秘密ノート」を用意する

読んだ内容を記憶に留め、活用するためには、アウトプットの工夫が欠かせません。そこで、読書習慣を定着させるための一つの方法として、自分だけの「秘密ノート」を用意してみてはいかがでしょうか。

5％社員に行ったヒアリングでは、**読書の後に感想をノートに書き留める人が多い**ことがわかりました。

彼らからはノートに書くことで、読書の理解度や満足度が高まるという意見が多く聞かれました。中には、**他人に見られることのない、自分だけの秘密のノート**を使うことで、読書を続けることが楽しくなると答える人もいました。

読書はカタチから入っていいのです。読後の感想用のノートを用意することで、読書への意欲が高まり、習慣化のきっかけになります。

それも、他人の目を気にせず、自由に感想を書き込めるような、自分だけの秘密ノートがおすすめです。


ノートを選ぶ際には、いくつかのポイントを押さえておくと良いでしょう。

まず、手に持ったときにしっくりくるサイズを選びましょう。読書の時間がより快適になります。次に、書き心地の良い紙質を選ぶことで、ペンを走らせるのが楽しくなります。

また、好きなデザインを選ぶことで、ノートを開くたびにワクワクする気持ちになれます。持ち運びやすい軽さも重要ですね。いつでもどこでも読書を楽しむことができます。

最後に、ページ数が多いものを選ぶことで、たくさんの本を記録することができます。自分の好みや読書スタイルに合ったものを選んでみましょう。


ノートの使い方は人それぞれですが、いくつかの方法を参考にしてみてください。

まず、読んだ本のタイトル、著者名、読んだ日付を記入しましょう。後から読み返したいときに便利です。

次に、印象的な文章やシーンを書き出してみましょう。読書の記憶を鮮明にすることができます。自分の感想や意見を書き出すことで、読んだ本への理解を深めることもできます。

さらに、本から学んだことをメモすることで、学びを活かすことができるでしょう。

また、ノートを使うことで、読書の習慣化を促進することもできます。

ノートは自分だけのものですから、他人の目を気にしなくて大丈夫です。

この効果の再現実験として、３７１名の一般社員に、読後に感想をノートに書く実験を行ってもらったところ、**感想記入後に自己効力感が高まり、読書習慣の定着につながりやすくなる**ことがわかりました。

読書の習慣化は一朝一夕にはできませんが、自分だけの秘密ノートを使ったアウトプットを続けることで、少しずつ読書が生活の一部になっていくはずです。

自分なりのノートの使い方を見つけて、読書をより楽しく、意味のあるものにしていきましょう。

3-② 物的準備

小さな付箋を用意する

５％社員は付箋をよく使います。79％の人が気になるところに小さな付箋を貼っていたのです。しかし、一般社員も57％の人が付箋を使っていました。

付箋の使用率には大きな差がありませんでしたが、読後の活用法に「違い」があったのです。５％社員は付箋を使う際、単に気になる箇所にただ貼るだけでなく、その後の活用方法に工夫を凝らしていました。

まず、彼らは**付箋の色分け**を徹底していました。たとえば、赤い付箋は重要な概念や定義、黄色は自分なりの解釈やアイデア、緑は質問や疑問点、といった具合に用途別に色分けしていたのです。このシンプルな方法で、後から付箋の意味を瞬時に理解できるようになります。

さらに、5%社員の中には、付箋に番号を振っていく人もいました。

一冊の本の中で**何度も読み返すべき最重要ポイント**には「R1」「R2」（R＝Reread「再読」の頭文字）と書いた付箋を貼り、**実践したいと思うポイント**には、「A1」「A2」（A＝Action「アクション」の頭文字）と書いた付箋を貼っていました。

このように工夫することで、同じ色でも内容が整理でき、後で簡単に振り返ることができるようになります。

簡単なアクションプランや、読んだ内容をどのように自分の仕事や業務に適用できるかのメモを書き込む人もいました。これにより、知識が抽象的なもので終わるのではなく、具体的な行動に落とし込まれるのです。この習慣は、知識を行動に移すことの大切さを物語っています。

また、付箋を使って書籍内での「対話」を試みている人もいました。著者が提起した問題や提案に対し、**自分なりの解答や意見を記録**していたのです。たとえば、付箋に「同意」や「相違」、「確認」、「検証」というように自身の見解や読後の行動を書いていたのです。これにより、読書が一方的な情報の受け取りから、読者自身も参加するアクティブな学習へと変わります。

5%社員の中には、使い道をさらに広げている人もいました。付箋を書き終えた後、**専用のノートやファイルを作り、そこに付箋を分類して貼り直していた**のです。マインドマップのように因果関係を明らかにしながら知識を体系化している人もいました。

これは「親和図法」と呼ばれるものです。付箋をテーマ別に分類してノートに移し替えることで、視覚的に知識がまとまり、関連付けて理解しやすくなると教えてくれました。

ノートには、それぞれの付箋の出典である本のタイトルとページも記載するよう心がけていました。そうすることで、後から振り返ったときに、本を読み返しやすくしているのです。

また、ノートを見返す際、付箋を剥がして別の場所に移動させたり、新しい付箋を付け加えたりと、絶えず再構築を行っている人もいました。

これは知識をアップデートし続ける姿勢の表れでもあります。固定観念に囚われる

図07　「親和図法」でテーマごとに付箋をまとめる

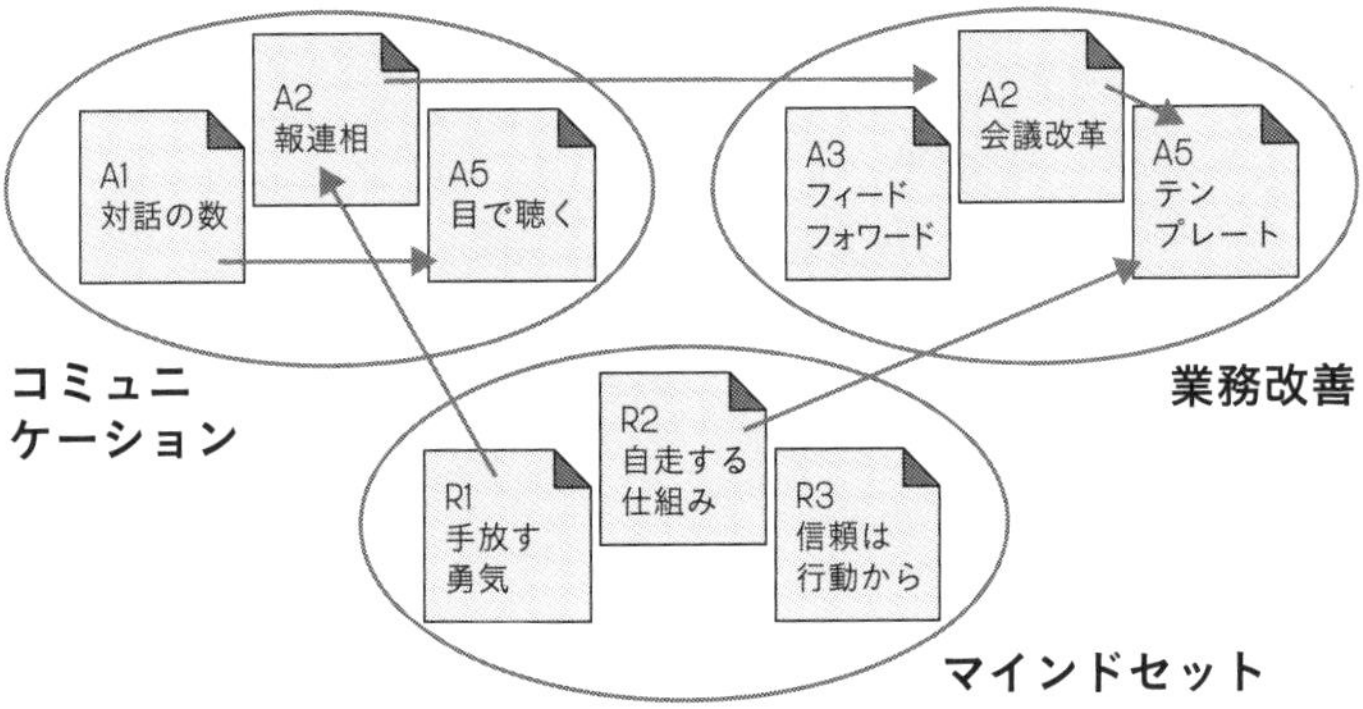

ことなく、新しい気付きを取り入れながら知識を常に進化させていくのが5%社員の特徴なのです。

　このようにノートに付箋を移し替えることで、複数の本からの知識が一つのノートにまとまり、5%社員独自の**「ナレッジ（知識）資産」**が生み出されていきます。

　つまり、ただ本を読むだけでなく、自分なりの解釈を加え、関連付けを行い、知識を体系化していくプロセスを経ることで、本来の価値を超えた「知的資産」が生まれるのです。一見些細な付箋の使い方にも、彼らの卓越した学習法が垣間見えます。

このような付箋の活用法は、読書をより深く、より実践的にする方法として有効です。しかし、付箋を使うことが目的ではありません。重要なのは、読んだ内容をアクションに落とし込み、仕事に活かしていくことです。

付箋は知見を記録していくための小さなツールに過ぎませんが、使い方一つで、その意味は大きく変わります。

3-③
物的準備

「ごほうび」を用意しておく

5％社員は読書タイムの後に何かしらの「自分へのごほうび」を用意していることがわかりました。彼らは単に成功へのプロセスの一環として読書を行っているだけでなく、そのプロセス自体を楽しんでいるのです。

これは、そのプロセスを継続するための意識的な戦略と言えます。ごほうびを設定することで、読書という行為自体がさらに魅力的なものに変わり、学んだ内容を活かす意欲も高まります。

ごほうびの例としては、美味しいスイーツ、お気に入りの飲み物、新しい文房具などがあります。

ある社員は、読書の目標を達成するたびに、自分の好きなチョコレートを一つ食べることにしているそうです。別の社員は、一冊読み終えるごとに、お気に入りのコーヒーショップでスペシャルティコーヒーを楽しむことを習慣にしている人もいました。また、読書の目標を達成したら、新しいペンやノートを自分へのプレゼントとして購入する人もいます。

このような物質的なごほうびは、読書という知的な活動を完了した後の喜びを具体的なものにします。美味しいスイーツを味わったり、お気に入りの飲み物を楽しんだりすることで、**達成感がより強く実感できる**のです。また、新しい文房具を手に入れることは、**次の読書への意欲を高める**ことにもつながります。

また、**読書によって得た知識を活用する機会を自分に与える**ことも、大きなごほうびになります。

新しいビジネスアイデアをメモしたり、読んだ本からインスピレーションを得て新たなプロジェクトを計画したりすることは、自分自身の成長や将来の成功に直結する行動であり、大きなモチベーションにつながるのです。

ごほうびを用意するという行為は、読書をゲームとして楽しむことを可能にします。

人間は達成感や報酬を得ることによってモチベーションが高まると言われていますが、彼らはこの心理的メカニズムを巧みに利用し、読書への意欲を自然と高めています。

また、5%社員は、目の前の課題に集中するだけでなく、自分自身のメンタルヘルスや幸福感を維持することを重要視します。**読書後のごほうびは、自分自身へのケアの一つ**となり、長期間にわたり高いパフォーマンスを維持することには欠かせないのです。

さらに、ごほうびは**「締め切り効果」**が期待できます。

ごほうびを得るためには、まず読書を終える必要があります。これは、限られた時間の中で効率よくタスクを完了させるための自然なインセンティブとなるのです。

彼らは、こうした仕組みを利用して、日々のスケジュールを管理し、各タスクを期限までに終わらせていたのです。

読書を習慣にする上で忘れてはならないのは、読書自体を楽しむことです。読書のプロセス自体を楽しむことが、読書を長続きさせる秘訣です。

第4章

今日からできる！再現可能な5％社員の読書法

５％社員が読書を通じて自己成長を遂げる方法には、独自のアプローチや工夫が含まれます。

彼らの読書法は常識に反するように見えるかもしれませんが、読書を日常生活の一部として取り入れるのに非常に効果的です。

ここでは、彼らがどのようにして読書習慣を形成し、維持しているのかを紹介します。

1 多読をするためのマインドセット

5％社員は、驚くほど多くの本を読んでいます。彼らは一体どのようなマインドセットで、多読を実現しているのでしょうか。

その秘訣は、読書を楽しみながら、アウトプットを通じて学びを深める点にあります。

多くの人にとって、読書は義務や課題のように感じられがちです。しかし、彼らは、**読書を純粋に楽しむ**ことから始めます。本を読むこと自体に喜びを見出し、新しい知識や発見との出合いを心から楽しんでいるのです。

ある大手メーカーの研究開発部長は、「本を読むことは、未知の世界を探検するようなワクワク感がある」と語ります。彼にとって、読書は義務ではなく、知的好奇心を満たす冒険なのです。このような前向きな姿勢が、多読を支える原動力となっています。

しかし、ただ楽しむだけでは不十分だと、5％社員は口をそろえます。**読書から得た知識を定着させ、実践につなげるためには、アウトプットが欠かせません。**

読んだ内容を要約したり、自分の言葉で説明したりすることで、理解が深まり、知識が自分のものになっていくのです。

ある外資系コンサルティング会社の30代マネージャーは、「読書ノートを作成し、重要なポイントを自分なりにまとめることで、本の内容が頭に入りやすくなった」と話します。アウトプットを前提とすることで、読書のインプットがより意味を持ち、深みを増すのです。

さらに、**アウトプットを楽しむ**ことも重要だと、5％社員は強調します。

読書で得た知識を活用し、問題解決に役立てる喜び。自分の成長を実感できる充実感。そうしたポジティブな感情が、読書を生活の一部へと変えていくのです。

ランニングが習慣化された人々は、走ることで得られる爽快感、いわゆる「ランナーズハイ」を経験することで、運動が生活に欠かせない要素となっています。読書においても、アウトプットを通じて得られる喜びが、同じような役割を果たすのです。

ただし、**読書を継続するためには、明確な目的意識を持つ**ことも大切だと、5％社員は指摘します。

読書は、目的地への旅と考えることができます。私たちが本を手に取るときは、読書自体が目的なのではなく、読書を通じて達成したい具体的な目標や、得たい知識、経験があるはずです。

ランニングで新記録の樹立を目指すように、読書でもその「ゴール」を意識することが重要なのです。自己啓発のためなのか、ビジネススキルの向上なのか。読書の目的を明確にすることで、本を読む意義が高まり、学んだ内容を実生活や仕事に活かす動機付けになります。

そして、**目標達成に向けたプロセスを逆算して計画する**ことも、多読を実現する上で欠かせません。

具体的な目標を設定し、それを達成するためのステップを細分化する。中間地点での評価を通じて、進捗を確認し、必要に応じて修正を加える。このようなPDCAサイクルを小刻みに回すことで、着実に読書の成果を積み重ねていけるのです。

ある金融機関の40代支店長は、「年間100冊読破を目標に、月ごとの読書量を設定している」と明かします。毎月の目標を達成するために、日々の読書時間を確保し、進捗を自己評価しているのだそうです。

5％社員は、**読書の醍醐味はインサイトを得てインテリジェンスを高めること**だと口をそろえます。読書は、新たな知識や気づき（インサイト）を得て、それを実生活に取り入れることで知性（インテリジェンス）を高めることにつながります。

彼らは、始めること、気づきを得ること、そして必要に応じて修正することを大切にしています。チャレンジというより「気軽な実験」を続ける。そうした姿勢が、読書からの学びを最大化しているのです。

5％社員は、これらのマインドセットを持つことで、読書を人生の重要な一部として位置づけています。多読は、彼らの成功の源泉の一つなのです。

2 自分なりの解釈をする

様々な本を読むことで、自分だけでは気づかなかった新しい発見やアイデアに出合うことも増えます。しかし、本に書かれていることをそのまま受け入れるのではなく、**自分の状況に合わせて個人最適化する**ことが重要です。

5％社員は本に書かれているテクニックや方法論の本質を見極め、自分なりの解釈を加えることで、より実践的な学びにします。

また、こうした個人最適化は、周囲の人を説得することにもつながります。自分の解釈で実践することで、そのテクニックは自分のものになります。

たとえば、会議の進行に関する本を読んだとします。そこには、「会議の冒頭2分で雑談を済ませる」というテクニックが紹介されていました。しかし、自分のチームで実際に試してみたら、2分では雑談が終わらないことに気づいたとしましょう。

そんなときは、なぜ著者が「2分」という時間を提示しているのかを考えてみることが大切です。もしかしたら、著者が調査した中で、2分というのが最も再現性の高い時間だったのかもしれません。それでも、自分のチームでは、3分や5分の方が適しているかもしれません。

あるいは、「1日1時間の早起きが成功の秘訣」といった内容が書かれたビジネス書を読んだとしましょう。

しかし、すべての人にとって早起きが適しているわけではありません。もしかしたら、あなたは夜型の人で、夜の時間を有効活用する方が成果は出るかもしれません。

このように、本に書かれていることをそのまま鵜呑みにするのではなく、自分なりに解釈し、自分に合った方法を見つけることが重要なのです。

本は、あくまでも知識や情報を得るための手段であって、そこから学んだことを自分の人生にどう活かすかは、自分自身で考えなければなりません。

3

購入直後の興奮状態で10ページ読む

読書は私たちの知識を豊かにし、モチベーションを高める最高の手段の一つです。特に、興味をそそられる内容に触れたとき、脳はドーパミンという物質を分泌します。これが、モチベーションの向上、記憶力の強化、さらには満足感や幸福感をもたらすのです。

この幸福感を再び味わいたいという欲求が、私たちを継続的な学びや探求へと駆り立てるのですが、この**ドーパミンの分泌を最大限に引き出すには、読書のタイミングが非常に重要**なのです。

書店で本を手に取ったときや、オンラインで注文した書籍が届いたとき、ワクワクしたことはないでしょうか？　この高揚感こそが、ドーパミンの分泌を最大化し、読書体験をより深く、記憶に残りやすくする鍵なのです。

でも、仕事に追われて読書を後回しにしてしまうと、この貴重なチャンスを逃してしまいます。気づけば読書意欲も薄れ、積読の一部になってしまうかも。

だからこそ、**「購入したらすぐに読む」**という習慣が大切なのです。

興味を引かれた本を手にした後は、そのワクワク感が最高潮に達しています。この瞬間こそが、**読書を始めるベストタイミング**なのです。

「興奮している今、この瞬間に読み始める」という行動を取ることで、読書体験は格段に豊かになり、学んだ内容も心に深く刻まれるのです。

実際、５％社員の62％が、書籍を手にしたらすぐに読み始めるといいます。

ネットで購入した本が届いたら、まず真っ先に開封して、最初の数ページを読む。このシンプルな行為が、学びを深める最適な状態を作り出すからです。

たった10ページでも、本の魅力を感じ取り、読み進めたいという意欲を高めるには十分。この小さな一歩が、読書習慣を築く上で大きな意味を持つというのです。

そして彼らは、この10ページを読み終えた後に、**自分なりの読書計画**を立てていました。１日に読むページ数を決めたり、読書の時間を日課に組み込んだり。自分に合ったペースで、着実に読書を続けていくことが大切だと強調します。

時には挫折することもあるかもしれません。でも、そこであきらめないこと。

読書から遠ざかっていた時間があっても、また本を手に取るだけでいい。そういった小さな習慣を作ることが大切だと教えてくれました。

4 あとがきを先に読む

５％社員は、ビジネス書を読む際に独特の方法をとっています。５％社員の32・1％は意外にも、「あとがき」から読み始めるのです。

一方、その他の95％の社員で「あとがき」から読む人はわずか2・３％。実に14倍もの差があることが明らかになりました。一体、５％社員はなぜ「あとがき」を先に読むのでしょうか。

その理由を探るべく、１４５名の５％社員にヒアリングを行ったところ、驚くべき事実が浮かび上がってきました。彼らは、読書をただの情報収集の手段としてではなく、**著者との精神的な対話として捉えている**というのです。

「あとがき」には、著者の深い思いや、書籍を書くに至った動機、そしてそのプロセスで直面した挑戦や成功体験が綴られています。

彼らは、まず**「あとがき」を読むことで、著者との深い共感を覚える**のだといいます。そうすることで、本の内容をより深く、個人的なレベルで理解しようとしているのです。

この深い共感は、単なる理解にとどまりません。

彼らは、ビジネス書から得られる知識やアイデアを、自分自身のビジネス環境やキャリアに適用する際に、より高い成果を上げているのです。

著者の経験や提案が、自分たちの状況にどのように当てはまるかを考えることで、単にテクニックや戦略を学ぶだけでなく、それらを実生活で実践する際の洞察や勇気を得ているのだといいます。

さらに、著者とのこの精神的な対話は、読者自身の思考や価値観を反映させる機会にもなっているのだとか。

5%社員たちは、自分自身のビジネスやキャリアに関する問題に対する新たな視点や解決策を見出すために、著者の提案や経験を自分の中で再構築し、独自のアイデアや戦略を創出しているのです。

つまり、「あとがき」を読むことは、単に書籍の内容を理解する以上の価値を提供しているのです。それは、**著者と読者との間に深い共感と理解を築き上げ、読者自身の成長や進化を促す**こと。

これこそが、５％社員たちが、他のビジネスパーソンよりも「あとがき」を読む比率が高い理由であり、彼らがビジネスの世界で優れた成果を上げ続ける秘訣の一つなのです。

「あとがき」から読み始めるのは、抵抗を感じる方も多いでしょう。本の終わりから読むなんて、何だか順序が逆のような気がするからです。

しかし、５％社員は、そんな常識に囚われることなく、自分なりの読書スタイルを確立しているのです。彼らに学ぶべきは、その柔軟な発想と、読書に対する真摯な姿勢なのかもしれません。

5

「選読」で特定のパートだけ読む

読書習慣が身についていない人にとって、分厚い本を最初から最後まで読むことは、大きなハードルに感じられるかもしれません。

しかし、実は、**最初から「精読」する必要はない**のです。

私たちが行った調査では、読書を習慣にしている5%社員が、最初から最後までじっくり「精読」した本は、年間に読んだ本のうち43%ほどでした。

つまり、彼らの多くは、頻繁に飛ばし読みをしているのです。

限られた時間の中で読書をするには工夫が必要です。実際、すべての本を隅々まで読むことは不可能であると5%社員は考えています。

そこで彼らが実践している「選読」という読書法を紹介します。

「選読」とは、**本の中から特定の章や項目だけを選んで読む**方法のこと。

一般的な読者が全ページを通して読むのとは対照的に、彼らは自分にとって最も関連性が高く、直接的な価値を提供する可能性がある部分に焦点を当てて読んでいます。

この「選読」の効果は絶大だといいます。限られた時間の中で最大限の学びを得ることができるだけでなく、ビジネスやキャリアにも具体的な影響をもたらすのだとか。

たとえば、新しいマーケティング戦略を模索している社員は、ビジネス書のマーケティングに関する章だけを集中的に読み、その他の部分は概要だけを確認するか、完全にスキップするそうです。

そうすることで、目の前の課題に対する解決策を迅速に見つけ出し、新しいアイデアを実践に移すインスピレーションを得られるというのです。

「選読」は、情報過多の時代を生き抜くためのスキルでもあります。

膨大な情報の中から、自分にとって重要なものだけを選び取る。５％社員は、すべての情報が等しく重要ではないことを認識し、自分の目標達成に直接貢献する情報にのみ時間を投資するのだそうです。

でも、ここで大切なのは、「選読」は単なる情報の取捨選択ではないということ。
彼らは自分自身の学習ニーズを正確に把握し、自分にとって最も価値のある情報源を能動的に選択しているのです。つまり、**「選読」は自律的な学習スタイルの表れ**でもあるのです。

この自律学習は、新しい知識をより深く理解し、自分のビジネス環境に適応させる能力を高めてくれます。

受動的に情報を受け取るのではなく、自ら求めて学ぶ。そんな姿勢が、5％社員を突出した存在にしているのかもしれません。

さらに驚くべきは、5％社員の間では、**「選読」で得た知識を同僚やチームメンバーと共有する**ことが当たり前になっているということ。

一人の学びが、チーム全体の成長を促す。そんな知識の共有が、組織全体のパフォーマンスを押し上げているのだそうです。

「選読」は彼らにとって、単なる読書テクニック以上の意味を持っています。

それは、情報を効率的に取り入れ、実践に活かすための戦略なのです。彼らの成功の秘訣は、いかに学び、その学びを行動に移すかにあると言えるでしょう。

正直なところ、「選読」には抵抗を感じる人も多いかもしれません。でも、考えてみてください。すべての本を隅々まで読むことが本当に効率的でしょうか？

限られた時間の中で、自分にとって本当に必要な情報だけを取り入れることこそが、賢明な読書家の姿勢なのかもしれません。

もちろん、「選読」ですべてが解決するわけではありません。本を丁寧に読み込むことが必要な場面もあるでしょう。

大切なのは、自分の目的に合わせて、読書法を柔軟に変えていくこと。時には「選読」で効率を重視し、時には「精読」で深い理解を目指す。そんな使い分けができれば、読書はもっと実りあるものになるはずです。

５％社員の「選読」から学ぶべきは、情報に振り回されるのではなく、**情報を自分のものにするための戦略**を持つことの大切さです。

彼らは本を読むことを、単なる知識の吸収ではなく、自己成長のためのツールとして捉えています。だからこそ、自分に必要な情報を的確に選び取り、実践に活かすことができるのです。

6

「速読」で効果も上げる

5%社員は、速読法を習得している人が多いです。

弊社で調査した「速読術」の習得率は、ビジネスパーソン全体では1%、5%社員では38%です。平均で年間約43冊以上の本を読むには、速読が必要なのでしょう。

しかし、意外なことに、速読法を習得している多くの5%社員は、速読を単なる速度を上げる技術としてではなく、**より質の高い学習へとつなげるための手段**と捉えていました。

彼らにとって、速読は情報を迅速に取り込むだけではなく、その情報を効率的に処理し、理解を深めるための戦略的なスキルです。このアプローチにより、彼らは年間に読む書籍の量だけでなく、得られる知識の質をも大きく向上させています。

読む速度を上げると、理解度が下がるかのように思えるかもしれません。

しかし、彼らは速読技術を駆使しながらも、重要な情報を見極める能力を同時に高めています。彼らは、本の中で最も重要なポイント、アイデア、戦略を迅速に識別し、それらを自分の知識体系に組み込むことに成功しています。

つまり、速読は単に速く読むこと以上のものであり、**自分にとって重要な情報をフィルタリングする能力を高めている**のです。

また、速読法を習得した5％社員は、読書を通じて得た知識を自身のビジネスやキャリアにどのように適用するかについても、非常に戦略的なアプローチをとっています。彼らは**速読によって得た情報を、即座に実践的なアクションプランに変換する**能力を持っています。

これには、重要なアイデアやインサイトをメモする、読んだ内容に基づいて新しいビジネス戦略を立案する、またはチームミーティングでの議論のために重要なポイントを共有するなどの方法が含まれます。

速読によって時間を節約することで、彼らはこれらの活動により多くの時間を割り当てることができ、その結果、自身のビジネスやキャリアに大きな影響を与えることができます。

さらに、5%社員に見られるもう一つの共通点は、**速読技術を継続的に向上させる**熱心な姿勢です。彼らは速読スキルを一度習得して終わりにせず、常にその技術を磨き続け、新しい速読法や読書戦略を学び続けています。

これには、速読トレーニングプログラムへの参加、速読に関する書籍や資料の研究、または同僚や他の5%社員との知識の共有などが含まれます。

彼らは、速読技術の習得と向上が、絶えず変化するビジネス環境に適応し、競争力を維持するための鍵であると認識しています。

5%社員が速読技術を習得し、それを実践に活かしていることは、彼らが成功を収め続ける要因の一つです。

速読は、情報を迅速に取り入れ、理解を深め、実践的な知識として適用する能力を高めることで、彼らのパフォーマンスを向上させています。

7 「瞬読」で脳に刺激を与える

5％社員は、速読テクニックの中でも特に「瞬読」を活用しています。「瞬読」とは、一瞬でページ全体を読み取る読書スキルのことで、作家仲間でもある山中恵美子氏が提唱されています。

一般的な読書では、一文字ずつ、一行ずつ読んでいくのが普通ですが、瞬読ではページ全体を一目で捉え、内容を瞬時に理解していくのです。この技術を身につけることで、読書の効率が劇的に高まるのだそうです。

でも、なぜ5％社員は瞬読を活用しているのでしょうか？　それは、彼らが日々、膨大な量の情報を処理しなければならないからです。

資料や文献に目を通すのは彼らの日課。でも、すべてを隅々まで読んでいたのでは、時間が足りなくなってしまう。

だからこそ、5%社員は瞬読のスキルを磨き、短時間で効率よく情報を吸収しているのです。


瞬読のメリットは、速く読めるだけではありません。ページ全体を一目で読み取ることで、**情報を俯瞰的に捉える力**も身につくのだそうです。この力は、複雑な問題に直面したとき、問題の本質を見抜くのに役立つのだとか。

また、瞬読の実践は集中力も高めてくれるそうです。ページ全体に意識を集中させる訓練を積むことで、他の場面でも高い集中力を発揮できるようになるのです。

また、瞬読は**脳の働きを活性化させる**効果もあると言われています。瞬読の練習を重ねることで、脳の情報処理能力が向上し、思考力や創造力が高まるのだそうです。知的な探求心を満たし、自分の知識の幅を大きく広げることができるのです。


でも、瞬読のスキルを身につけるのは簡単ではありません。

まずは目の動きをコントロールすること。一文字ずつ読むのではなく、ページ全体を一目で捉えられるよう、意識的に視野を広げる練習が必要だそうです。

そして、文字をブロックやまとまりで認識する練習を積み重ねていきます。一文字ずつではなく、文章の塊をイメージで掴むのです。

また、ページを斜め読みするテクニックも効果的です。ページの右上から左下へ、斜めに目を走らせることで、全体像を素早く掴むことができるのだそうです。

また、瞬読では脳の処理速度を高めることも重要です。

短時間で大量の情報を処理するには、脳の働きを効率化しなければなりません。このため、集中力を高めるトレーニングや、記憶力を強化する練習も欠かせません。

まずは興味のある文章から始めるのがおすすめです。

好きな小説やビジネス書など、読む楽しみのある本を選び、瞬読へのモチベーションを高めましょう。１日10分から始め、徐々に瞬読の時間を増やしていきます。

ジャンルを広げていくと、多様な文章構成にも慣れることができ、瞬読のコツを掴みやすいそうです。５％社員は、日々の練習を積み重ねることで、着実に瞬読力を高めているのです。

瞬読力を身につけることで、読書の質も大きく変わってきます。膨大な量の本を読めるようになるだけでなく、**内容の理解度も格段に上がる**のだといいます。

瞬読で全体像を捉えた上で、重要な部分を深く読み込んでいく。そんな読書スタイルを確立することで、読書から得られる知見の質も向上するのです。

瞬読のスキルが役立つのは、読書だけではありません。文章を素早く読み取る力は、情報収集力や理解力の向上にもつながります。

会議の資料や企画書なども短時間で要点を押さえられ、素早く判断を下すことができる。これは、ビジネスを進める上で大きな強みになるはずです。

5%社員は、瞬読を武器に、情報の海を軽やかに泳ぎ渡っています。彼らは、瞬読で得た知見を仕事に活かし、イノベーションを生み出しているのです。

このような5%社員の姿勢に学ぶことで、私たちも読書の質を高め、仕事の成果を上げることができるはずです。

8 オーディオブックを1・5倍速で聴く

5％社員は、オーディオブックを活用しています。序章で紹介したように、オーディブルの利用率は一般社員の80倍です。

調査によると、オーディオブックの中でもAmazonオーディブルを使用している比率が高いことがわかりました。私自身も長きにわたりオーディブルの愛用者であり、月に2～3冊は聞いています。

しかし、5％社員の活用法には、「違い」がありました。それは、聴くスピードにあります。5％社員の多くは1・5倍速で聴いているというのです。

一体なぜ、彼らは1・5倍速を選ぶのでしょうか。その理由の一つは、記憶定着率にあるのだそうです。**1・5倍速で聴いた方が、記憶に残りやすい**という声がありました。

これは5％社員の見解だけでなく、医学的にも実証されています。Gerbier and Toppino（2015）の研究では、オーディオ教材を1・5倍速で聴いた参加者グループは、通常速度で聴いたグループよりも、内容理解と記憶保持において優れた結果を示しました。

Pastore and Ritzhaupt（2015）の研究では、eラーニングにおけるナレーション速度の効果を検証しました。その結果、1・5倍速のナレーションを用いたグループは、通常速度のグループと比較して、学習内容の理解と記憶保持において優れた成績を示しました。

これらの研究結果は、1・5倍速で聴くことが記憶定着に有益である可能性を示しています。人の脳は、一定の速度以上で提供される情報に対して、より高い集中力を発揮する傾向があるのだそうです。

この現象は「認知的負荷の理論」に基づいており、適度な認知的負荷が学習と記憶の定着を促進するとされています。つまり、1・5倍速で情報を提供されると、脳はその情報を処理するためにより集中し、結果として記憶に残りやすくなるというわけです。

しかし、５％社員が１・５倍速を選ぶ理由はそれだけではありません。**時間効率を最大化し、より多くの情報を短時間で吸収する**ためでもあるといいます。

彼らは、時間が最も貴重な資源であることを熟知しています。だからこそ、１・５倍速でオーディオブックを聴くことで、通勤時間、ジムでのトレーニング中、さらには日常の雑務をこなしながらでも、知識を取り入れる機会を増やしているのです。

ただ多くの人は「１・５倍速で聴くのは難しそう」と思うのではないでしょうか。最初は理解が追いつかず、戸惑ってしまうかもしれません。

しかし、５％社員はそこであきらめることをしません。慣れることで脳の処理能力も向上し、情報を早く、効率的に処理できるようになると信じているからです。

実際、慣れれば通常の速度で聴くよりも多くの本を消化でき、時間を有効活用できるようになるのだそうです。５％社員は、この方法で学びの機会を増やし、自己成長を加速させているのです。

５％社員の創意工夫と行動から学ぶべきは、単に速く聴く技術だけではありません。

重要なのは、彼らがどのようにしてこのスキルを身につけ、活用しているかです。
まず、自分の聴解能力と処理速度を正確に把握し、徐々に聴く速度を上げていく。
この段階的なアプローチは、新しいスキルを効果的に身につけるための基本原則です。最初は違和感を覚えるかもしれない1・5倍速での聴取も、このプロセスを経ることで、やがては快適な学習方法として定着するのです。

また、5%社員は、高速聴取を単に情報を迅速に得るためだけではなく、深い理解と長期記憶への定着を目指して活用しています。**聴いた内容を定期的に復習し、同じ内容の書籍や要約サービスも併用する。**こうした工夫により、高速で情報を摂取することと、深い理解を両立させているのです。

こうした5%社員の行動は、効率的な学習方法としてだけでなく、彼らが持つ学びに対する姿勢を表しています。

5%社員は、限られた時間の中で最大限の成果を出すために、常に自己の学習方法を見直して最適化することを心がけています。この積極的な姿勢こそが、彼らをトップ5%たらしめる理由の一つなのかもしれません。

9 アクティブ・リーディングする

読書の効果を最大限に引き出すためには、受動的な読み方ではなく、能動的な読書法を取り入れることが重要です。

その一つが、５％社員が実践している「アクティブ・リーディング」です。

アクティブ・リーディングとは、読みながら質問を投げかけて読んだ内容を自分の言葉で要約するなど、**能動的に読書に取り組むこと**を指します。

５％社員の多くがこの読書法を使い、自らの業務改善やキャリア構築に影響を与えています。この手法を取り入れることで、読むことが単なる情報の摂取から、実践的な学習へと変化するのです。

アクティブ・リーディングを通じて得た知識を自身の業務に応用することが、この読書法の真髄です。読んだ内容に基づいて具体的な行動計画を立て、それを実践に移すことで、知識を実生活で活かすことができます。

このプロセスは、自己成長につながるだけでなく、組織全体の活性化にもつながると、大手製造業のトップ5％リーダーが話してくれました。

アクティブ・リーディングを実践する上で重要なのは、**読書をただの受動的な活動ではなく、積極的な学習プロセスと捉える**ことです。

読む際には、ただ目を通すだけでなく、テキストと対話するような姿勢を持つことが求められます。これは、本から得られる知識を自分のものにするための重要なステップです。

たとえば読書中に、「この情報はなぜ重要なのか？」「これを自分の仕事にどう活かせるのか？」といった質問を自分自身に投げかけてみましょう。

また、章や節を読み終えたら、その内容を自分の言葉で要約することを心がけてください。これにより、読んだ内容の理解を深めると同時に、記憶にも長く残りやすくなります。

さらに、アクティブ・リーディングでは、読んだ内容に対して批判的に考えることも大切です。すべての情報を鵜呑みにするのではなく、それが自分の既存の知識や経験とどのように関連しているのか、または異なっているのかを考察することが重要です。このプロセスを通じて、より深い理解と洞察を得ることができるのです。

アクティブ・リーディングをさらに効果的にするためには、３章でも紹介したように、ノートをとりながら読書する習慣を身につけることもおすすめします。重要なポイントや疑問点、自分の感想や実生活での応用アイデアなどを記録することで、読書体験をより豊かなものにできます。

また、後でノートを見返すことで、学んだことを復習し、さらに理解を深めることが可能になります。

アクティブ・リーディングは、読書の効果を最大限に引き出すための強力な方法です。受動的に読むのではなく、能動的に読書に取り組むことで、知識を深め、実践的な学習につなげることができます。

質問を投げかけたり、要約したり、批判的に考えたりすることで、読書はより豊かで実りあるものになるのです。

10

「右脳」を活性化させる

日常の業務で左脳を酷使している5％社員は、読書で右脳を使うことで、左脳を休ませていました。

私たちの脳は、左右の半球に分かれており、それぞれが異なる機能を担っています。左脳は、論理的思考、言語処理、分析的思考を司る一方、右脳は、直感、イメージ、創造性を担当しています。

日常の業務では、左脳を酷使することが多いため、右脳を活性化させる機会を意識的に作ることが大切なのです。

私個人の見解ですが、**人間がＡＩを上回るには右脳による創造性が鍵だと思います。**

自社でＡＩを本格的に活用するようになって8年が過ぎました。17万人のアンケート解析や文章チェック、演算処理は、ＡＩに任せることで全メンバーの週休3日を実現できました。

一方、ゼロからイチを生み出す創造力や仮説設定力は永遠に人間の仕事だと信じています。

読書、特に小説を読むことは、右脳を刺激する絶好のトレーニングです。物語を読むことで、登場人物の感情や場面をイメージしたり、著者の思考を追体験したりすることができます。こうした活動は、右脳を活性化させ、創造性を高めるのに役立ちます。

実際に、読書が右脳を活性化させることは、様々な研究で明らかになっています。たとえば、ワシントン大学の研究チームが行った実験では、被験者に小説を読んでもらい、その前後で脳の活動を測定しました。その結果、小説を読んだ後、被験者の右脳の活動が高まっていることが確認されました（Berns et al, 2013）。

また、読書は、左脳にも良い影響を与えます。右脳が活性化することで、左脳の機能もバランスよく働くようになるのです。

これは、脳の可塑性と呼ばれる性質によるものです。脳は、使えば使うほど、柔軟に機能を変化させることができます。読書を通じて右脳を刺激することで、左脳の機能も向上するのです。

ある企業の例を見てみましょう。この企業では、社員に対して、毎日30分の読書時間を設けることを推奨しています。この取り組みを始めてから、社員の創造性が高まり、新たなアイデアが次々と生まれるようになったそうです。

たとえば、ある社員は、小説を読んでいるときに、登場人物の行動からヒントを得て、業務の効率化につながるアイデアを思いつきました。

また、別の社員は、読書を通じて得た気づきを部下指導に活かし、チームのパフォーマンスを大きく向上させることができました。

社員の多くが、日中の業務で左脳を酷使しているため、この読書の時間を設けることが、右脳を活性化させるための大切な機会となっているのです。

読書が創造性を高めることは、脳科学の研究でも裏付けられています。

カリフォルニア大学の研究チームは、被験者に小説を読んでもらった後、創造性を測定するテストを行いました。その結果、小説を読んだ被験者は、そうでない被験者に比べて、創造性が有意に高いことが明らかになりました（Kidd & Castano, 2013）。

読書の際には、自分なりのイメージを膨らませることが大切です。

著者が描写した情景を、自分なりにイメージしてみましょう。登場人物の心情を想像したり、自分が物語の中に入り込んだりすることで、右脳をより強く刺激することができます。

また、読書の後には、感想を書いたり、他の人と感想を共有したりすることをおすすめします。自分の感想を言葉にすることで、右脳で処理した情報を左脳で整理することができます。これにより、両方の脳の機能をバランスよく使うことができるのです。

読書は、私たちの脳に良い刺激を与え、創造性を高めるための強力なツールなのです。特に、日常の業務で左脳を酷使している人にとって、読書は右脳を活性化させ、バランスの取れた脳の働きを取り戻すための大切な手段となります。

11 「ジジジの法則」でスキマ時間を活用する

５％社員の中には、子育てしながら成果を上げている社員もいます。こうした子育て中の５％社員が実践していたのが、スキマ時間での読書です。時間が足りないことに愚痴を言うのではなく、現状のなかで時間を見つけて活用しています。

たとえば、子どもを学校に送り出した後の10分間、昼休みの15分間、子どものお風呂の間の20分間など、わずかな時間を見つけては本を手に取っているのです。

スキマ時間を見つけて活用するには「ジジジの法則」をおすすめします。

まず自分が費やした**時間**（ジカン）を可視化して、どこにスキマがあるかを見つけます。

次にそのスキマ時間に向けた**準備**（ジュンビ）をします。電子書籍やオーディオブックをすぐに使える状態にしておくのです。

そして、スキマ時間を実際に活用できたら、自分を褒めて**自己（ジコ）効力感**を得ます。「自分でもできた！」と認識することで、行動を継続でき、習慣になっていくのです。

この3つのステップ、**ジカンの可視化↓ジュンビ↓ジコ効力感が「ジジジの法則」です**。この法則を活用して、たとえば、食器を洗いながらオーディオブックを聴くこともできます。

こうしたスキマ時間の活用は、子育て中の社員だけでなく、誰にでも応用できる読書術です。

通勤電車の中、昼休みの後半、会議の開始までの数分間など、日常生活の中にはスキマ時間がたくさん隠れています。大切なのは、そのスキマ時間を見つけ、有効活用する習慣を身につけることです。

たとえば、ある5％社員は、毎朝のコーヒーを淹れている間の3分間を読書の時間にあてていました。たった3分間ですが、毎日続けると1ヶ月で約1時間半の読書時間が生まれます。この社員は、「3分間でも読書を続けることで、1日の始まりを知的な刺激で満たすことができる」と話していました。
また、別の5％社員は、子どもを寝かしつけた後の15分間を読書の時間にあてています。「子どもが寝ている間は、自分の時間を持つことができる。その時間を読書にあてることで、1日の疲れを癒やし、明日への活力を得ることができる」といいます。

スキマ時間を活用する読書術の利点は、小さな習慣の積み重ねが大きな成果につながることです。

1日10分の読書でも、それを1年続ければ、60時間以上の読書時間になります。この60時間は、平均的な読書速度で20冊程度の本を読み終えるのに十分な時間です。

これは、忙しいビジネスパーソンが実践しやすい方法といえましょう。時間がないことを嘆くのではなく、今ある時間を最大限に活用する。その積み重ねが、大きな成果につながっていくのです。

実際に、多くの著名人がスキマ時間を活用して読書を続けていることが知られています。

たとえば、ビル・ゲイツ氏は、「私は移動中や食事中など、スキマ時間を見つけては読書をしている」と述べています。また、オバマ元大統領も、大統領時代は就寝前の30分を読書の時間にあてていたそうです。

こうした事例からも、スキマ時間を活用する読書術が、多忙な人々にとって実践可能な方法であることがわかります。


スキマ時間を活用する読書術は、誰にでも今日から始められる方法です。大切なのは、小さな一歩を踏み出すこと。

今日からスキマ時間を意識して、読書の習慣を育ててみましょう。電車での移動中、昼休みの後半、寝る前の数分間など、自分なりのスキマ時間を見つけてみてください。

12

屋外の読書を避ける

読書の効果を最大限に引き出すためには、読書環境にも注意を払う必要があります。特に、読書をする場所の明るさは、読書の集中力や目の疲労に大きな影響を与えます。

5%社員の多くは、読書の場所選びにも気を配っており、彼らは晴れた日の屋外で読書をすることを避ける傾向にあります。その理由は、**明るすぎる環境が読書に適していない**からです。

国立情報学研究所の研究チームが行った実験では、照明の明るさが読書の集中力に与える影響を調査しました。実験の結果、あまりに明るすぎる照明環境（1000ルクス以上）では、眼精疲労が増加し、集中力が低下することが明らかになりました。

1000ルクスとは、かなり明るい光環境を指します。

具体的には、晴れた日に直射日光が当たらない日陰の場所や、写真撮影用のスタジオ照明の直下、手術室の照明などが、１０００ルクス程度の明るさに相当します。

このような強い光環境は、読書には適していません。目が疲れやすくなるだけでなく、集中力も維持しにくくなります。長時間、強い光に晒されることで、頭痛やイライラ、眠気といった症状を引き起こすこともあります。

一方、国立情報学研究所の実験では、適度な明るさ（３００〜７５０ルクス程度）の照明環境では、眼精疲労が少なく、読書に集中しやすくなることも示されました。

この明るさは、晴れた日の室内や、適度な明るさに調整されたオフィスの照明に相当します。

読書に適した照明の明るさについては、他にも様々な研究や指針があります。

米国のLighting Research Centerが行った研究では、読書に最適な照明の明るさは３００〜５００ルクス程度であることが明らかになりました。

また、一般社団法人照明学会が発行している「住宅照明設計技術指針」でも、読書をする部屋の照明は３００〜７５０ルクス程度の明るさが推奨されています。

５％社員はこうした研究結果を踏まえ、読書の場所選びに気を配っているのです。

彼らは、プールサイドや公園など、**明るすぎる屋外での読書を避け、適度な明るさの室内を選ぶ**ことを心がけています。

また、照明の色温度や位置にも配慮することで、より読書に適した環境を作ることができます。

Lighting Research Centerの研究では、色温度が3000K〜4000K程度の暖色系の光が、読書時の目の疲労を軽減することが示唆されました。さらに、『照明ハンドブック（第3版）』（一般社団法人照明学会、オーム社）では、斜め後方からの照明を推奨しています。

読書をする際は、これらの研究結果を参考に、自分に合った最適な照明環境を整えることが大切です。適度な明るさと、目に優しい照明で、読書の楽しさを存分に味わいましょう。

文字が明瞭に見えて目が疲れにくい環境は、長時間の読書を可能にし、読書を習慣化することにつながります。

13 マルチ・リーディングする

５％社員の中には、「マルチ・リーディング」という独自の読書法を実践している人がいました。マルチ・リーディングとは、**複数の本を並行して読む**読書スタイルのことです。

一見すると効率が悪そうに思えますが、実はこの方法には、新たな発想を生み出すための秘訣が隠れているのです。

たとえば、マーケティングに関する本を読みながら、心理学の本も同時に読む。一見関連性がなさそうな組み合わせですが、マルチ・リーディングすることで、両分野の知識が結びつき、これまでにないユニークなアイデアが浮かぶことがあるのです。

実際、ある広告代理店のトップセールスは、「マーケティングの本と脳科学の本をマルチ・リーディングしたことで、消費者の無意識的な欲求に訴求する新しい広告手法を思いついた」と語ります。

マルチ・リーディングの効果は、**異分野の知識を結びつけ、革新的なアイデアを生み出す**ことにあります。一見関連性がないと思われる分野の本を同時に読むことで、思考の幅が広がり、新しい視点を獲得することができるのです。

経営学の本とデザインの本をマルチ・リーディングすれば、デザイン思考を経営に活かすアイデアが浮かぶかもしれません。歴史の本と科学の本を並行して読めば、過去の知見を現代の技術に応用する発想が生まれるかもしれません。

このように、異分野の知識を掛け合わせることで、これまでにない斬新な考えが生まれる可能性が高まるのです。

まずは、自分の関心分野を複数選ぶことからマルチ・リーディングを試してみましょう。そして、それぞれの分野の本を並行して読み進めていきます。

その際、単に知識を吸収するだけでなく、分野間の共通点や関連性を意識しながら読んでいきます。5％社員が実践しているように、異なる分野の知識がどのように結びつくのか、自分なりの解釈を加えながら読み進めていくのです。

最初は難しく感じるかもしれません。しかし、実践を重ねるうちに、次第に複数の分野を関連付けて考える力が身についていくはずです。

5％社員がマルチ・リーディングを実践しているのには、変化の激しい現代社会に対応するための戦略があります。

新しい技術が次々と登場し、グローバル化が進み、市場の需要も絶えず変化する。このような環境下で成功するためには、**自分の専門分野だけでなく、幅広い知識を持ち、柔軟な発想力を持つ**ことが不可欠なのです。

マルチ・リーディングは、まさにこのような時代の要請に応える読書法です。

多様な分野の知識を吸収し、それらを結びつけることで、これまでにない発想を生み出すことができる。そして、その発想を実践に移すことで、変化の激しい時代を乗り越えていくことができるのです。

14 マインドフルネス・リーディングする

5％社員が実践していた読書法の一つとして、マインドフルネス読書法があります。マインドフルネス読書法は、情報を単に摂取するのではなく、**自分と対話しながら読むことで内省を促す**のです。

では、このマインドフルネス読書法をどのように実践すればよいのでしょうか。その第一歩は、**読書を開始する前に数分間の瞑想を行う**ことです。これにより、心を落ち着け、現在に集中する力を養います。

読書環境もまた重要で、静寂で集中しやすい場所を選ぶことが推奨されます。

さらに、読む速度を意識的に落とし、各文を丁寧に味わうことで、本から得られる知見や経験を深く理解することができます。

マインドフルネス読書の実践者は、読むことそのものだけでなく、読んだ内容と自分との対話を重視します。

たとえば、あるセクションを読み終えた後、その知識が自身のビジネスや人生にどのように役立つかを考えるのです。そして、読んだ内容を即座に実行することで、実生活と仕事に活かすことができます。

静かな場所で本を開き、深呼吸をしながら、言葉の一つひとつに意識を向けてみてください。読んだ内容について自問自答し、その知識を自分の人生にどう活かせるかを考えてみましょう。

マインドフルネス読書法は、読書をより深く、意味のあるものにするための強力なツールです。この手法を取り入れることで、読書が単なる情報収集ではなく、自己成長と実践的な学習の機会になるのです。

第5章

5%社員は「読後」に差をつける

5%社員にとって読書は、知識を得るための入り口に過ぎません。真の目的は、得た情報を即実践して自己成長と成果に結びつけることです。だからこそ5%社員はインプットとアウトプットの間隔が非常に短いのです。

この章で、彼らの読後のアクションを覗いてみましょう。

読書を実践につなげるための手段と捉えることができれば、5%社員のような高い成果を生み出すことができるかもしれません。

1

10分以内にアウトプットする

5％社員の87％は、本を読み終えた後10分以内に何かしらのアウトプットをしていました。

個別ヒアリングでわかったのは、彼らが行っているのは、自分ごと化するためのアクションだということです。この行動パターンは、読書を単なる知識の収集以上のものに変える重要なポイントです。

彼らが即座にアウトプットするのは、読んだ内容を自分のものにする、つまり知識を個人に最適化し、業務や実生活で活かすためです。このプロセスを通じて、得たばかりの知識を、自分の考えや行動に結びつけることができているのです。

感想をメモに書く、読書ログに記録する、SNSに投稿する、読書コミュニティで共有する……。これらの行為は、読んだ内容を整理し理解を深めるだけでなく、新たな視点を得るために役立ちます。

また、外部との共有を通じて、他人との議論や意見交換を促し、さらなるインサイトを得るチャンスを得ていたのです。

このようなアウトプットの習慣は、情報の消費者から創造者へと自分自身を変貌させるための方法でもあります。知識を自分の中で咀嚼し、それを基に自身が抱える課題の解決策を見つけるきっかけとしています。

読書後のアウトプットは、自分自身の成長だけでなく、周囲の人々との知的交流も促進します。感想や意見を共有することで、新たな視点や気づきを得ることができますし、自分の考えを言語化することで、理解がより深まります。読書体験の共有は、学びの喜びを分かち合い、互いに刺激し合える素晴らしい機会なのです。

もちろん、読書後のアウトプットを習慣化するのは、簡単ではありません。しかし、こうしたちょっとしたアクションを継続することで、知識の吸収力と活用力は高まり、大きな成果へつながるのです。

2 メモと蛍光ペンで即復習する

5%社員は、読んだ内容を深く理解して自分のものにするために、積極的にアウトプットの作業に取り組みます。その中でも特に重視されているのが、**読了後にその内容をじっくりと反芻し、自分の言葉で要約する**というプロセスです。

読書を通じて、理解したこと、感じたこと、意外であったこと、自分の行動が正しかったことの確認などを自分の言葉で要約してメモに残すのです。

このメモ書きのプロセスは、読んだ内容を自分の知識として定着させるのに有効です。読書から得た知識やインサイトを自分の言葉で表現することで、理解が深まり、記憶にも長く残りやすくなります。

また、5%社員には、**2本の蛍光ペンを使って読書している**人が多いことが判明しました。

一本の蛍光ペンは、**重要な学び、つまりインサイトを強調する**ために使っていました。そして、もう一本の蛍光ペンを使って、**実践に移すためのアイデア、つまりインテリジェンス**に線を引いていたのです。

2色の蛍光ペンを使う読書法は、視覚的な情報処理を促進する効果もあると考えられます。人間の脳は、色によって情報を分類し、整理する傾向があります（Dzulkifli & Mustafar, 2013）。

2色の蛍光ペンを使うことで、重要なポイントと実践アイデアを視覚的に区別し、脳内での情報処理をスムーズにしているのかもしれません。

もちろん、第3章で紹介した付箋も、読後に反芻するための強力なツールです。ただ、こうしたメモや蛍光ペン、付箋は手段であって目的ではありません。

5％社員の目的は、読書を通じて得たインサイトを自分の成長や仕事の改善に結びつけること。そのために、即座に復習、つまり反芻学習していて、それをすぐにアウトプットして仕事に役立てているのです。

たとえば、リーダーシップに関する本を読んだ後、自分のチームマネジメントになどう活かせるかを考えてメモを取る。

あるいは、新しいビジネスモデルについての本から得たアイデアを、自社の事業にどう応用できるかを検討する。

このように、**読書で得た知識を自分の文脈に落とし込む**ことで、より実践的な学びにつなげることができます。


読後の反芻は、自分自身の思考を整理し、知識を体系化するためにも非常に有効です。読書で得たバラバラの情報を、自分なりの解釈と関連付けでつなぎ合わせることで、知識の網の目を形成していくのです。

この知識の網の目こそが、新しいアイデアを生み出し、問題解決の可能性を高めます。


こうした「整理と反映の作業」は、彼らが常に成長し続けることができる秘訣の一つとなっています。

読書を通じて得た知識を深く理解し、自分のものにするために、読後に反芻し、アウトプットの習慣を身につけることをおすすめします。

3　耳の後に目で復習する

オーディオブックで読書した後に、同じ本の電子書籍もしくは紙の書籍を購入した経験がある人は意外にも多く、73％以上います。つまり、同じ本を二度買っているということです。

彼らの行動は、表面的には単純な読書の繰り返しに見えますが、実は獲得した知識を様々な角度から吸収しようとする姿勢を表しています。

追加ヒアリングでその意図を掘り下げたところ、そこには3つの理由がありました。

第1の理由：多感覚ラーニング

オーディオブックと紙の本、または電子書籍を両方購入する背景には、多感覚学習の意識があります。

オーディオブックを聴くことで得られる聴覚情報と、紙の本や電子書籍を読むことで得られる視覚情報の組み合わせは、知識の理解と記憶において相乗効果を生み出します。**人間の脳は情報を複数の感覚を通じて処理することで、より深い理解に至り、記憶の定着も促される**のです。

この多感覚学習のアプローチは、特に複雑な概念や細かいディテールが豊富な本を読む際に有効であると、ヒアリングで明らかになりました。読者はこの方法を通じて、内容をより深く、永続的に理解しようとしているのです。

第2の理由：反復ラーニング

彼らは、オーディオブックで得た知識を、テキストを通じて再確認し、さらに深掘りすることを目的としていました。

オーディオブックで聴くことは、細部にわたって深く掘り下げるには限界がありますす。そのため、**オーディオブックで興味を持った内容や理解が不十分だった部分について、紙の本や電子書籍を通じて再度確認し、より深い理解をしようとしていた**のです。

この反復学習により、理解力を確実に高め、知識を体系的に組み立てようとしています。

第3の理由：セレンディピティは傍らに

彼らは多読の中で「運命の本」に遭遇します。特定の本に対して強い感情を抱き、ずっと近くに並べておきたいという衝動に駆られるそうです。つまり、オーディオブックで聴いた後に、その本を「持っていたい」という欲求が生まれるのです。

特に**自分の人生に影響を与えるセレンディピティ（偶然の幸福）となった本については、物理的な形で所有することによって、その経験や学びを永続的なものにしようとする**傾向があります。

こうした偶然の出合いがあると、読書習慣を継続しようと思えます。私の人生を変えた本『エッセンシャル思考』はまさにセレンディピティで、私の読書テーブルの傍らに置いてあります。

オーディオブックと紙の本、電子書籍の両方を購入する行為は、単なる情報の吸収を超えていました。

ある5％社員は、多様な学習方法を実践し、モチベーションを維持することで、運命の本を手繰り寄せることができたと嬉しそうに語ってくれました。

4 二次情報を一次情報にする

5％社員がすぐにアウトプットするのは、自分の環境や能力に合わせて個人最適化を試みているからです。著者の主張や手法を鵜呑みにするのではなく、自分で試して「自分のもの」にしようとしているのです。

読書で得た情報を最大限活かすために、最適な方法を見つけ出そうとする。この意識が、成果の違いを生み出しているのでしょう。

書籍をはじめとする情報は、一次情報、二次情報、三次情報に分類することができます。

二次情報とは、第三者の経験を記録した情報のことです。本や記事、ニュースなどがこれに該当します。他人から聞いたり、ニュースを見たり、本を読んだりすることで得られます。著者が持つ一次情報を習得するのが読書です。

ＳＮＳの投稿など**発信者が不明確で、信頼度が低い情報を三次情報**と呼びます。

一次情報とは、自分自身が直接体験したり、観察したりすることで得られる情報のことです。自分の経験をもとにしているため信頼性が高く、コミュニケーションを取る相手の納得感が高まる傾向にあります。

５％社員は、読書を通じて得た二次情報を、読後の行動と自身の経験に結びつけることで、一次情報化しています。つまり、本から得た知識を自分の実生活や仕事に応用し実践することで、自分自身の経験として昇華させているのです。

たとえば、マーケティングに関する本を読んだ後、その知識を自社の製品プロモーションに活用してみる。そして、その結果を分析し、改善点を見出していく。

このように、**二次情報である本の内容を、実践を通じて一次情報化する**ことで、知識を自分自身の経験として体得していくのです。

また、**他者との議論や意見交換**を通じて、二次情報を一次情報化することもできます。

本で得た知識を基に、同僚とディスカッションをすることで、新たな気づきや視点を得ることができます。このような交流を通じて、二次情報が自分自身の理解や経験と融合し、一次情報へと昇華されていくのです。

さらに、**アウトプットする**ことで、二次情報を一次情報化することもできます。読書を通じて得た知識や気づきを、自分の言葉で表現することは、知識の定着と深化に大きく役立ちます。

たとえば、読んだ本の要約をブログに書いたり、読書レポートを作成したりすることで、自分なりの解釈と理解を言語化することができます。

また、読書会や勉強会で、読んだ本の内容について発表や議論をすることも、アウトプットの一つの形です。他者との意見交換を通じて、自分の理解を深めたり、新たな視点を得たりすることができます。

5％社員は、このように二次情報を一次情報化する過程を通じて、知識を自分自身の血肉にしていきます。これにより、彼らは読書から得た知識を、より実践的で効果的に活用することができるのです。

5 ３Iフレームワークで行動につなげる

読書の効果を最大限に引き出すためには、読書後のアウトプットが重要です。

５％社員の中には、アウトプットの仕方を体系化している人が多くいます。その中で一般社員が再現しやすかったのは「３I」のフレームワークです。この「３I」とは、Information（情報）、Insight（洞察）、そしてIntelligence（知恵）を指します。

Information（読書を通じて得られる生の情報）

本に書かれている客観的な事実や知識を指します。たとえば、マーケティングに関する本で著者が提示していたマーケティング戦略や事例がこれに当たります。

Insight（得た情報から導き出した自分なりの洞察）

マーケティングの本で紹介された戦略を、自社の製品やサービスに当てはめて考えてみるのがこの段階です。「うちの会社でこの戦略を実践するなら、こんな風にアレンジできるかもしれない」というように、情報を自分の文脈で解釈し、新たなアイデアを生み出すことが「Insight」なのです。

Intelligence（洞察を実際の行動に移すことで得られる知恵）

「Insight」で生まれたアイデアを、実際のマーケティング施策として実行に移してみましょう。その結果を分析し、改善点を見出していくことが「Intelligence」です。つまり、読書から得た知識を実践し、検証し、自分のものにしていくプロセスがこれにあたります。

この「3I」のフレームワークの具体例として、リーダーシップに関する本を題材に整理してみましょう。

Information（読書を通じて得られる生の情報）

図08　**3Iフレームワーク**

Information	読書を通じて得られる生の情報、著者の意見
Insight	情報から導き出した洞察、私（読者）の解釈
Intelligence	私（読者）の行動、その行動から得られる知恵

著者が提示するリーダーシップの理論やスキルを知識として吸収します。

たとえば、「部下のモチベーションを上げるには、適切な目標設定とフィードバックが重要である」といった情報を得たとします。

Insight（得た情報から導き出した自分なりの洞察）

この情報を自分のチームの状況に当てはめて考えます。

「うちのチームには、もっと明確な目標設定が必要かもしれない。部下一人ひとりにもっと頻繁にフィードバックを与えることで、モチベーションを上げられるかもしれない」というように、自分なりの洞察を導き出すのです。

Intelligence（洞察を実際の行動に移すことで得られる知恵）

先ほどの洞察を実際のマネジメントに活かします。

部下との１ｏｎ１ミーティングを増やし、明確な目標を設定してみる。そして、その効果を観察し、改善点を見出していく。

このように、読書から得たリーダーシップの知識を実践し、自分のマネジメントスキルを向上させていくことが「Intelligence」なのです。

「３Ｉ」のプロセスを習慣づけるためには、読書後のアウトプットが欠かせません。読書の感想をノートやブログに、３Ｉに整理して書き起こしてみましょう。

このアウトプットを繰り返すことで、「３Ｉ」のプロセスが習慣になっていきます。そして、この習慣が、読書の効果を飛躍的に高めてくれるのです。

このプロセスを通じて、読書は単なる知識の吸収ではなく、実践的な学びのツールになります。本から得た知識を、自分の仕事や人生に活かしていく。そのためのスキルが、「３Ｉ」なのです。

6 3Iのまとめ方サンプル

ここでは、５％社員のヒアリングをもとに、３冊の書籍を「３Ｉ」で整理しました。ぜひ参考にして、まとめてみてください。

『エッセンシャル思考』（グレッグ・マキューン著、かんき出版）

Information（情報）

・エッセンシャル思考とは、本質に集中し、最も重要なことに優先順位をつける思考法

・人生で本当に重要なことに集中するためには、「less is better」（少ないことは良いことである）という考え方が必要である

・本書では、エッセンシャル思考を実践するための具体的な方法として、「選択」「除去」「実行」の3つのステップが紹介されている

Insight（洞察）

・私の人生でも、重要でないことに時間とエネルギーを取られていることが多い
・本当に重要なことに集中するためには、「ノー」と言える勇気が必要だ
・重要でないことを削ぎ落とすことで、クリエイティビティや生産性が高まるのではないか

Intelligence（知恵）

・毎週、自分にとって本当に重要なタスクを2つ選び、優先的に取り組むことから始めよう
・メールや会議の数を減らし、集中できる時間を確保する
・定期的に、自分の優先順位をチェックし、調整する習慣を持とう

『イノベーション・オブ・ライフ』（クレイトン・M・クリステンセン他著、翔泳社）

Information（情報）

- 人生には、仕事、家庭、コミュニティ、自分自身の４つの領域がある
- 人生の満足度を高めるためには、自分の資源（時間、エネルギー、才能、資産）を賢明に配分することが重要である
- 人生の目的を明確にし、それに沿って自分軸で意思決定を行うことで、自分が主役の人生を送ることができる

Insight（洞察）

- 私は、仕事と私生活のバランスを取ることが難しいと感じることがよくある
- 自分軸を明確にすることで、より良い意思決定ができるようになるかもしれない
- 仕事だけでなく、家庭、コミュニティ、自分自身の成長にも十分な時間を割くことが、バランスの取れた人生につながる

Intelligence（知恵）

- 自分の軸（価値観）を明確にするために、時間を取って深く考えてみよう
- 仕事、家庭、コミュニティ、自分自身の4つの領域で、自分にとって本当に重要なことを特定し、優先順位をつけよう
- 優先順位に基づいて、自分の資源（時間、エネルギー、才能、資産）の配分を見直してみよう

『ユダヤ人大富豪の教え』（本田健著、大和書房）

Information（情報）

- 時間を有効に活用することが、成功への鍵の一つである
- 自分の強みを活かし、弱みは他の人に任せるのが賢明である
- 常に学び続け、自己投資を怠らないことが重要である

Insight（洞察）

- 自分の強みを活かせる仕事に注力し、弱みは同僚に任せることで、生産性を高めら

れるかもしれない
- 自己投資の時間を確保し、新しいスキルを習得することが、キャリアアップにつながるはずだ
- リスクを恐れずに新しいプロジェクトにチャレンジすることで、大きな成長の機会を得られるかもしれない

Intelligence（知恵）
- 自分の強みをリストアップして、それを活かせる仕事や役割を積極的に引き受ける。弱みは、同僚に任せることを検討しよう
- 毎日30分は、自己投資の時間を設ける。新しいスキルの習得や、業界の動向調査などにあてよう
- 新しいプロジェクトやチャレンジングなタスクには、積極的に手を挙げる。失敗を恐れず、学びと成長の機会と捉える

7 サードプレイスで触発効果を得る

読書を習慣にしている5％社員は、読書会などのラーニング・コミュニティに参加し、読書の感想を言い合っていました。

また、ブクログやReadee、flierやFacebook、X（旧Twitter）Spaces、Voicyなどのサービスで、見ず知らずの匿名の人たちと読書での学びを深め、刺激をし合って読書習慣を継続させる原動力にしていることがわかりました。

彼らの行動は、社外や家庭外とのつながりを深めるためのものです。読書を通じて得た学びを、読書会やオンラインプラットフォームで共有することで、新たなネットワークを構築しようとしていました。

このアクションによって、彼らは**読書習慣を社会的な交流と相互学習**へとアップグレードしています。

図09　5%社員は読書コミュニティの参加率が一般社員の3.0倍

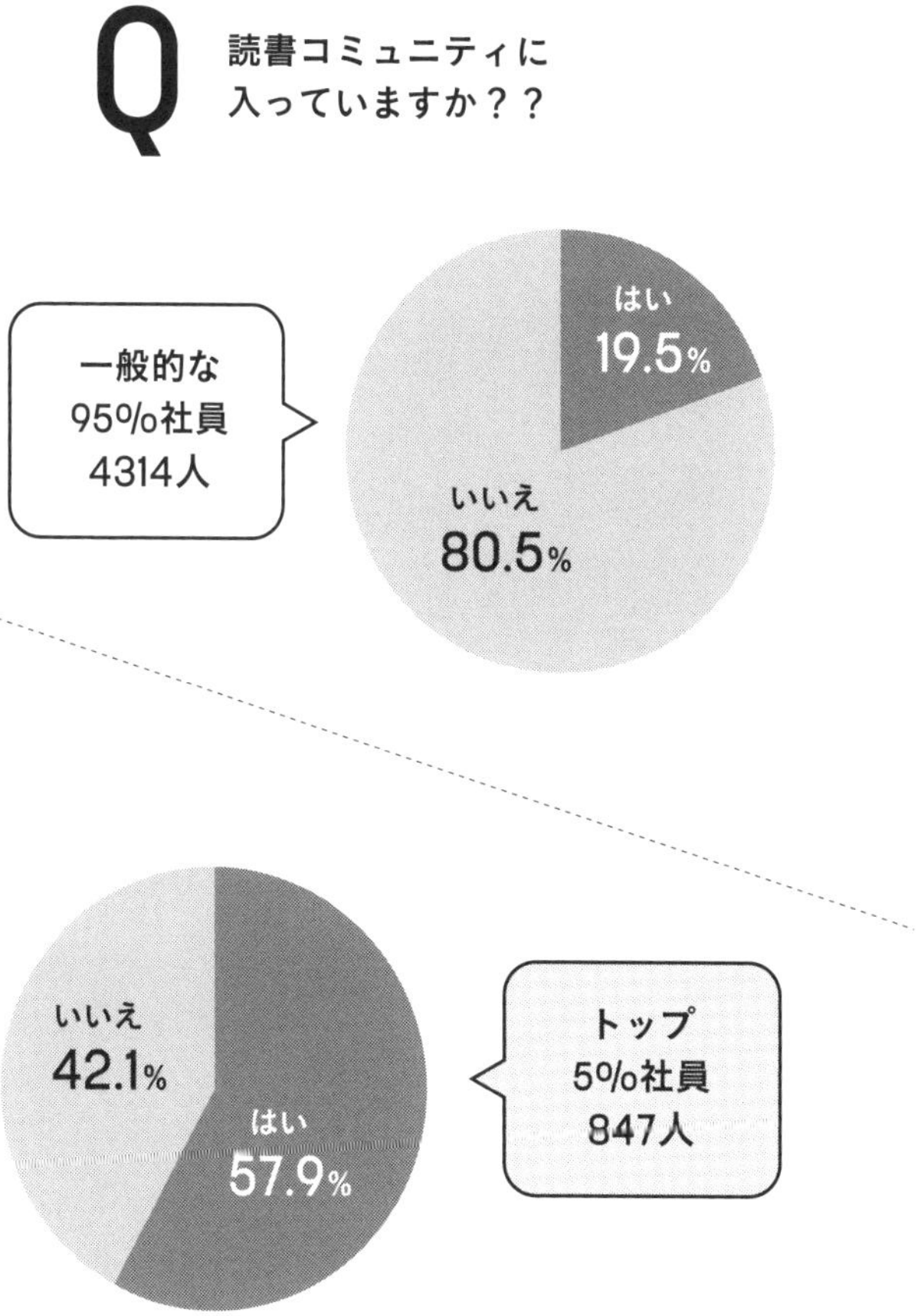

ラーニング・コミュニティに参加することで、彼らは読書から得た知識を他者と共有し、様々な視点や解釈を聞くことができます。このような交流によって、**異なる視点で物事を俯瞰する**ことができるのです。

また、他者との議論を通じて、新たなアイデアや考え方に触れることで、**思考の幅を広げ、課題解決のヒントを掴む**こともできます。

これらのスキルは、現代のビジネス環境において非常に重要であり、5％社員が成功を収めている理由の一つと言えるでしょう。

また、ブクログやReadee、flier、そしてVoicyなどのプラットフォームを利用することで、多くの読書仲間と接点を持ち、Insight（洞察）を共有することができます。

これらのプラットフォームは、匿名の人々とでも意見を交換し、異なるバックグラウンドを持つ人たちから「新たな気づき」を得ることができるのです。こうした交流は、自身の視野を広げるだけでなく、**違いを楽しみ、違いから刺激を受ける**ことにもなります。

また、Insight（洞察）を共有することで、自分の思考を言語化する能力を高め、結果的にコミュニケーション能力が高まります。

重要なのは、これらの**他者から刺激を受ける活動が読書習慣を継続させる原動力になっている**という点です。

読書を通じて形成される社会的なつながりがモチベーションを維持する助けになります。他者との共有や交流を通じて、読書がもたらす喜びや充実感は倍増し、学びへの渇望はさらに高まります。

この好循環は、彼らが読書を習慣にして、学習継続する力を育みます。

5％社員は、読書を通じて得た知識を共有し、他者から刺激を受けることで、自己のIntelligence（知恵）を磨いています。

このように、読書は単なるインプットではなく、**行動を進化させるためのツール**として位置づけるべきなのです。

私自身も読書によって行動が進化し、知識、スキル、そして人間関係を好転させることができました。この書籍を執筆できたのは、読者の皆さんから刺激があったからです。

あとがき

おかげさまで作家デビューしてから約8年間で31作品を執筆しました。当初は文章を書くのが苦手で、最初の作品は約1年の歳月をかけて完成させました。

当時は、これだけ多くの書籍の原稿を執筆できるとは思っていませんでした。こんな私が、企業経営の傍らで作家活動をしているのは、読者の皆さんと共感そして共創するためです。

20代、30代と読書嫌いであった私が、40代から読書習慣を身につけ、45歳で起業して、のちに年に300冊以上を読むほどになりました。

もともと執筆も読書も苦手でしたので、読書を習慣にしようとしている皆さんに共感してもらえるのではないかと思いました。そして仕事術や読書術の「正解」を探す仕事に就き、その達成方法をクライアント企業の皆さん、そして読者の皆さんと共創しようと思ったのです。

多読になったのは5％社員の影響ですが、読書を習慣にしたきっかけは、偶然手に取った一冊のビジネス書でした。

それまで私は、ビジネスの成功には直感と経験、そしてひたすら努力することが必要だと信じていました。しかし、その本を読んで、成功への道は知識と理解、そして戦略的な思考にあることを知りました。

それ以来、私は知識を深め、視野を広げるために、あらゆるジャンルの書籍を読み漁るようになりました。

読書がもたらす大きな価値の一つは、失敗や挫折を乗り越える力をくれることです。私自身、起業家として、また作家としての道のりは決して平坦ではありませんでした。しかし、困難な時期には常に本がそばにあり、大きな励ましとなりました。成功や失敗の実験を通じて、挫折は成長のための過程であると学びました。

読書を通じて、行動力が高まりました。読書に費やした時間を無駄にしないように、多くの行動実験を積み重ねることができたのです。

読書を嫌いにならなかったのは、幼いときに図書館に連れていってくれた両親のおかげです。今思えば、図書館で過ごした時間こそが、私の人生を豊かにしてくれた宝物だったのだと気づかされます。

図書館では、私は無限の可能性を秘めた本の世界に触れることができました。絵本や児童書から始まり、やがて冒険物語や昆虫図鑑、科学の本へと、読書の幅が広がっていきました。本を通じて、私は未知の世界を探検し、新しい知識や発見に出合うことができたのです。

本当は遊園地やデパートに行きたかったのだけれど、図書館で本との触れ合いに慣れることができて良かった。

寝る前に本を読み聞かせてくれた母。図書館まで車で連れていってくれた父。あの頃に、普通に本と触れ合っていたから読書アレルギーにならなかった。あれから40年以上が経ち、本と関わることができているのは両親のおかげです。

図書館へ連れていってくれた最愛の父が２０２４年12月に他界しました。

父は、私の書籍をすべて読み、こっそり友人に勧めてくれていました。読書感想文を匿名で投稿してくれていたと後で聞きました。

この書籍も父が天国で読んでくれると思います。

また、今回の本作りに協力してくださった皆様に深く感謝申し上げます。突然「読書の調査をはじめる！」と言い出した私のわがままを受け止めてくれたクロスリバーのみんな、ありがとう！　トップ5％シリーズを暖かく守ってくださるディスカヴァー・トゥエンティワンの皆さん、そして本書の編集に深く関わってくださった安永さん、原さん、千葉さん、ありがとうございました。そして今回も、調査に関わってくださったクライアント企業の皆様、トップ5％社員の皆様へ御礼申し上げます。


最後に、本書を手にしてくれた皆さんへ。

読書をしたいのにできないのは、心の壁に阻まれているからではないでしょうか。自分で制限を作り出し、自分の能力を発揮する機会を失ったのではないでしょうか。

私も5年前まではそうでした。

しかし、忙しくても5％社員は読書をしています。

忙しいことを理由に読書していなかった私は、彼らの真似をして読書を習慣にすることができました。ちょっとしたコツで読書を習慣にすることはできます。

過去の失敗に囚われず、毎日の小さな読書実験を積み重ねましょう。

1日10ページでもよいのです。きっと、「意外と良かった」と自己効力感に気づくはずです。

本書が、皆さんの内なる可能性を解き放つきっかけとなったら嬉しいです。皆さんを勇気づけることができたら最高です。

能力がゼロの人はいません。自分の能力に気づき、それを少しでも多く発揮できる日が訪れることを心より願っています。

自分を信じ、前を向いて歩み続ける人を、私は全力で応援します。

大丈夫。大丈夫、大丈夫ですよ。あなたは頑張っているのだから。

読書を習慣にして、実生活に活かせば、もっと大丈夫です。

２０２５年2月
越川慎司

AI分析でわかった
トップ5％社員の読書術

発行日　2025年3月22日　第1刷
2025年4月11日　第2刷

Author　越川慎司

Book Designer　krran　西垂水敦・岸恵里香(カバーデザイン)
小林祐司(本文デザイン＋図版デザイン＋DTP)

Publication　株式会社ディスカヴァー・トゥエンティワン
〒102-0093　東京都千代田区平河町2-16-1 平河町森タワー11F
TEL　03-3237-8321(代表) 03-3237-8345(営業)／FAX　03-3237-8323
https://d21.co.jp/

Publisher　谷口奈緒美
Editor　千葉正幸　安永姫菜　原典宏

Store Sales Company
佐藤昌幸　古矢薫　蛯原昇　北野風生　佐藤淳基　鈴木雄大　山田諭志　藤井多穂子　松ノ下直輝
小山怜那　町田加奈子

Online Store Company
飯田智樹　庄司知世　杉田彰子　森谷真一　青木翔平　阿知波淳平　大﨑双葉　近江花渚　舘瑞恵
徳間凜太郎　廣内悠理　三輪真也　八木眸　安室舜介　高原未来子　川西未恵　金野美穂　千葉潤子
松浦麻恵

Publishing Company
大山聡子　大竹朝子　藤田浩芳　三谷祐一　中島俊平　伊東佑真　榎本明日香　大田原恵美　小石亜季
西川なつか　野﨑竜海　野中保奈美　野村美空　橋本莉奈　林秀樹　村尾純司　元木優子　古川菜津子
浅野目七重　厚見アレックス太郎　神日登美　小林亜由美　陳玟萱　波塚みなみ　林佳菜

Digital Solution Company
小野航平　馮東平　宇賀神実　津野主揮　林秀規

Headquarters
川島理　小関勝則　田中亜紀　山中麻吏　井上竜之介　奥田千晶　小田木もも　福永友紀　俵敬子
三上和雄　石橋佐知子　伊藤香　伊藤由美　鈴木洋子　照島さくら　福田章平　藤井かおり　丸山香織

Proofreader　文字工房燦光
Printing　中央精版印刷株式会社

ISBN978-4-7993-3109-5　AI BUNSEKI DE WAKATTA TOP5% SYAIN NO DOKUSYOJYUTU by Shinji Koshikawa